Götter und Mythen des alten ÄGYPTEN

Mary Barnett

Götter und Mythen des alten Ägypten

Photos von Michael Dixon

Gondrom

Übersetzung: Anja Bornholdt, Gennersheim

ISBN 3–8112–1646–5

Die Photos wurden von der CM Dixon Picture Library zur Verfügung gestellt.

Seite 2: Kopf der Göttin Hathor. Kapitell in der Kapelle der Hathor im Tempel der Hatschepsut, Luxor

Seite 3: Ani vor den Göttern der Unterwelt. Ausschnitt aus dem Papyrus des Ani aus dem Thebaner Totenbuch, um 1250 v. Chr.

Oben: Kalksteinplatte mit Hieroglyphen aus der ägyptischen Grabstätte des Horemhab, eines hohen Würdenträgers, um 1350 v. Chr.

Umschlagseite: Sandsteinskulptur des Hohenpriesters Anch Rechu aus der 12. Dynastie um 1900 v. Chr. (Britisches Museum). Photo oben links: Ani vor den Göttern der Unterwelt. Photo mitte links: Kopf des Tutanchamon als Kind, Grabfund (Ägyptisches Museum, Kairo). Photo unten links: Die Gottheiten Osiris, Horus und Isis; Gold und Lapislazuli-Steine, 22. Dynastie (Louvre). Umschlagrückseite: Falkenkopf mit der Ägis des Re und der Sonnenscheibe, Bronzefigur, um 590 v. Chr. (Britisches Museum)

INHALT

Einführung	6
Das Land, die Bevölkerung und die Geschichte des alten Ägypten	10
Die Wiederentdeckung des alten Ägypten	23
Die ägyptische Religion	29
Die Schöpfungsmythen	50
Der Osiris-Mythos	58
Das Totenbuch	70
Die Götter des alten Ägypten	80
Ägypten zur Zeit der Griechen, Römer und Kopten	102
Die ägyptischen Dynastien und ihre Herrscher	108
Index	110

EINFÜHRUNG

Die meisten Menschen, die sich anhand von Büchern, Filmen, Museumsbesuchen oder Reisen mit den Überresten der altägyptischen Kultur beschäftigen, erleben eine Fülle eindrucksvoller Zeugnisse aus dieser fernen Zeit, die auf den ersten Blick oftmals fremd oder unverständlich erscheinen. Angesichts der Einzigartigkeit der in den verschiedenen Museen zu bewundernden Denkmäler, Mumien oder Hieroglyphenschriften verspürt der Betrachter einerseits eine große Faszination, andererseits auch die Schwierigkeit, einen Zugang zu diesen Kunstwerken zu finden.

In unserer heutigen Gesellschaft spiegelt diese Epoche des Altertums trotz zahlreicher gut erhaltener Zeugnisse eine gänzlich fremde Welt wider. Das trockene Klima Ägyptens, das den Prozeß des natürlichen Verfalls verlangsamte, sowie die ausgefeilten Bestattungsbräuche und eine Vielzahl an steinernen Relikten haben uns aufschlußreiche Spuren der ägyptischen Hochkultur hinterlassen, deren Bedeutung uns jedoch allzu oft verborgen bleibt.

Die religiösen Vorstellungen und Mythen eines fremden Kulturkreises scheinen uns häufig unergründlich, insbesondere wenn es sich um eine so entfernte Zivilisation handelt wie im Falle der alten Ägypter. Zur Veranschaulichung abstrakter Ideen verwendeten sie Symbole, die oftmals widersprüchliche Bilder für ein und dieselbe Sache hervorbrachten. In diesem Buch möchten wir einige Aspekte, die für die Mythenbildung und Entstehung religiöser Weltbilder maßgeblich waren, näher beleuchten und die Art und Weise veranschaulichen, mit der diese Vorstellungen anhand von Symbolen bildhaft dargestellt wurden.

Die für ein Land oder einen Kulturkreis spezifischen Mythen und Religionen beschäftigen sich im allgemeinen, zumindest in der Frühphase ihrer Entstehung, mit der Schöpfung und dem Sein an sich, mit der Verbindung von Mensch und Kosmos sowie mit der sozialen Ordnung. Diese Begriffe prägten die Gesellschaft im alten Ägypten und wurden als Ursache für regelmäßig wiederkehrende Naturereignisse betrachtet, wie beispielsweise der Wechsel der Jahreszeiten oder die immer wieder auf- und untergehende Sonne. Die damalige Gedankenwelt kreiste um Themen wie Gut und Böse, Gefahren und Ängste sowie Wirklichkeit und Einbildung.

In den Augen der Ägypter bestand die Aufgabe der Staatsreligion darin, die göttliche Ordnung mittels der Fürsprache der Könige bei den Göttern aufrecht zu erhalten. Die Besänftigung der Götter und die gewissenhafte Pflichterfüllung des Gotteskults durch die Könige stellten die Voraussetzungen für ein Gedeihen des Staatswesens dar. Die von den Göttern gestiftete Ordnung wurde als Maat bezeichnet, was soviel bedeutet wie Wahrheit, Gesetzmäßigkeit und Einklang. Rituelle Bräuche und magische Kräfte dienten der Errichtung und Aufrechterhaltung der Maat.

Für das einfache Volk, das von den meisten Kultdiensten der Staatsreligion ausgeschlossen wurde, war das Weltbild der Maat von großer Bedeutung. Zaubersprüche und rituelle Handlungen sollten dazu beitragen, eine Welt voller Glück und Gerechtigkeit zu schaffen und die Menschheit vom Chaos zu befreien. Im Alltagsleben der alten Ägypter spielten die Hausgötter und volkstümlichen Gottheiten eine wesentlich wichtigere Rolle als der unnahbare, abgehobene Götterkult der Pharaonen. Ein ethisches Wertesystem regelte das Zusammenleben und diente dem Einzelnen als Orientierung für ein recht-

schaffenes Dasein im Diesseits und ein gesegnetes Fortleben im Jenseits.

In der altägyptischen Religion und Mythologie wurden vielfach Sinnbilder oder Symbole verwendet, die verschiedene Aspekte ein und desselben Gegenstands verkörperten. Die hieraus resultierenden Bilder erscheinen uns oftmals widersprüchlich. So wurde z.B. der Sonnengott Re entweder als Sonnenscheibe, Falke oder menschliches Wesen dargestellt. Die Menschen verehrten allerdings nicht die einzelnen Erscheinungsformen des Gottes, sondern die abstrakten Eigenschaften und Kräfte, die hinter diesen Symbolen steckten. In dieser Hinsicht sind die Bilder nicht gegensätzlich, sondern vielmehr komplementär. In diesem Buch werden wir auf einige dieser Symbolvorstellungen und ihre bildhafte Darstellungsweise eingehen, um dem Leser die Bedeutung der Sinnbilder zu veranschaulichen.

Manche Aspekte der ägyptischen Religion überschreiten jedoch unsere Vorstellungskraft. So war die wahre Natur der Urgottheit Atum nicht bekannt, weshalb er „der Verborgene" genannt wurde. Der tatsächliche Name des allmächtigen Sonnengottes Re war ein Geheimnis, das um jeden Preis bewahrt werden mußte, da der Gott ansonsten seine magischen Kräfte verloren hätte. Das Rätsel um den Gott Amun und sein unerklärliches Wesen durfte ebenfalls nicht aufgedeckt werden, da er durch eine solche Offenbarung seine geheimnisvolle, göttliche Macht verwirkt hätte.

Dieses Relief aus dem Tempel von Ramses III. in Luxor, dem einstigen Theben, zeigt Gefangene aus den Feldzügen des Ramses gegen die Seevölker.

MITTELMEER
Rosette
Alexandria
Buto
Sais
Busiris
Tanis
Bubastis
Heliopolis
Giseh
KAIRO
Saqqara
Memphis
Fayum
Hawara
Herakleopolis
Oxyrhynchos
Beni Hasan
Hermopolis
WESTLICHE WÜSTE
ÖSTLICHE WÜSTE
Nil
ROTES MEER
Abydos
Dendera
Tal der Könige
Deir el-Bahri
Karnak
Tal der Königinnen
Medinet Habu
LUXOR (Theben)
Esna
Hierakonopolis
Edfu
Ombos
Elephantine
Assuan
Philae
0
100
Kilometer

Troja
ÄGÄIS
ANATOLIEN
HETHITER
MITANNI
ASSYRIEN
Ninive
Athen
Mykene
MESOPOTAMIEN
Tigris
SYRIEN
Euphrat
RHODOS
PHÖNIKIEN
KRETA
ZYPERN
Babylon
Sidon
Tyros
MITTELMEER
PALÄSTINA
Ur
Jerusalem
SUMER
Alexandria
SINAI
Giseh
Memphis
LIBYEN
Nil
ÄGYPTEN
ARABIEN
Theben
Elephantine
1. Katarakt
Abu Simbel
2. Katarakt
N
NUBIEN
3. Katarakt
ROTES MEER
4. Katarakt
5. Katarakt
SUDAN
Khartum
Atbara
0
200
Kilometer
Weißer Nil
Blauer Nil

DAS LAND, DIE BEVÖLKERUNG UND DIE GESCHICHTE DES ALTEN ÄGYPTEN

In jedem Kulturkreis sind Götter und Mythen durch die spezifischen Merkmale des Landes geprägt, in dem die ersten Überlieferer dieser Geschichten einst lebten. Die Eigenschaften der Götter und ihre charakteristischen Mythen wurden im Laufe der Zeit durch materielle, historische und sogar politische Veränderungen in den jeweiligen Ländern weiterentwickelt. Die Götterwelt und Legenden des alten Ägypten sind sicherlich in einigen Aspekten mit denen anderer Kulturen vergleichbar. Dennoch gab es spezifische Faktoren, wie z.B. die geographische Lage und die Entwicklung eines mächtigen Königtums und einer starken Priesterschaft, die die Mythenbildung in besonderem Maße geprägt haben. Es scheint angebracht, mit einem allgemeinen Einblick in die geschichtlichen Ereignisse und die geographischen Gegebenheiten des Landes zu beginnen, da diese die Entwicklung der ägyptischen Kultur maßgeblich beeinflußt haben.

Ägypten grenzt im Norden an das Mittelmeer und im Süden an den Sudan. Es besteht größtenteils aus einem 200 bis 300 Meter hohen Kalksteinplateau, das durch das in Nord-Süd-Richtung verlaufende Niltal geteilt wird. Im Westen bildet die Libysche Wüste, auch Westliche Wüste genannt, die Landesgrenze. Sie ist Teil der Sahara und hauptsächlich durch karge, sandbedeckte Kalksteinfelsen gekennzeichnet. Im Osten erstreckt sich die gebirgige Arabische Wüste, auch Östliche Wüste, mit ihren Vulkan- und Kalksteinfelsen vom Niltal bis zum Roten Meer.

In Ägypten weht vorwiegend ein Nordwind, so daß über der Küstenregion mäßige Regenfälle aus dem Mittelmeerraum niedergehen, die für ein mediterranes Klima sorgen, während weiter südlich im Inland subtropische Temperaturen herrschen. Die Stadt Alexandria an der Nordküste verzeichnet an die 30 Regentage mit einer jährlichen Niederschlagsmenge von ca. 180 mm. Im 160 km weiter südlich gelegenen Kairo gibt es im Jahr nur an die sechs Regentage mit insgesamt 25 mm Niederschlag, und in Luxor erreichen die seltenen Regenfälle lediglich 2/3 der in Kairo registrierten Niederschlagsmenge.

Ägypten würde ohne den Nil fast ausschließlich aus Wüstengebieten bestehen und könnte nicht einmal ein kleines Nomadenvolk ernähren, geschweige denn eine blühende Zivilisation hervorbringen. Mit einem Flußlauf von 6671 km zählt der Nil zu den längsten Wasserstraßen der Welt. Seine beiden Hauptquellen sind der Weiße Nil, der seinen Ursprung im Viktoria-See am Äquator hat, und der Blaue Nil, der im äthiopischen Hochland entspringt. Die zwei Flüsse vereinigen sich in Khartum zu einem gewaltigen Strom, in den weiter oben die Fluten des Atbara münden. Der Weiße Nil führt das ganze Jahr über einen gleichmäßigen Wasserpegel, während der Blaue Nil und der Atbara durch die anhaltenden Regenfälle in den Bergen Äthiopiens im Sommer stark anschwellen. Diese Niederschläge dauern gewöhnlich von Ende Mai bis Anfang September und führten bis zum Bau des Assuan-Staudammes zu einem schnellen Ansteigen des Nils im Juni und Juli, das sich allmählich verlangsamte, bis der Strom Anfang September seinen Höchststand erreichte. Im Oktober sank der Wasserspiegel wieder. Ab November gingen die Fluten langsamer zurück, bis der Fluß im Mai auf seinem niedrigsten Stand angelangt war und der Kreislauf der Überschwemmungen wieder von vorne begann.

Im Laufe der Zeit hat sich der Nil ein Flußbett durch die Felsen der ägyptischen Hochebene gegraben und so ein Tal geschaffen, das in Oberägypten nur einige

Eine Steinaxt aus der paläolithischen Zeit

Kilometer breit ist, sich aber nördlich der modernen Hauptstadt Kairo in mehrere Kanäle teilt und schließlich in einem breiten, verästelten Flußdelta endet, an dessen Mündung sich der Nil ins Mittelmeer ergießt.

Die Nilfluten brachten große Mengen an Schlamm aus den äthiopischen Bergen, die sich im Niltal ablagerten und den Boden in fruchtbare Erde verwandelten, die Jahr für Jahr durch die Hochwasser erneuert wurde. Im Flußtal beträgt die Dicke dieser Schicht inzwischen über zehn Meter und in einigen Gebieten des Deltas sogar an die vierzig Meter. Die jährlichen Überschwemmungen, wurden durch die Fertigstellung des Assuan-Staudammes im Jahre 1971 erheblich beeinflußt. So entstand der Nasser-See, der sich südwärts bis an die Grenze zum Sudan erstreckt. Die Überflutungen wurden reguliert, so daß der Nil seitdem einen relativ gleichmäßigen Wasserstand hat. Der Staudamm hatte aber auch zur Folge, daß ein Großteil des Schlammes im Nasser-See zurückgehalten wurde und nicht mehr zur regelmäßigen Erneuerung des fruchtbaren Bodens beitragen konnte.

Im Paläolithikum waren weite Gebiete Ägyptens mit Wäldern und Grasland bedeckt. Kleinere Gruppen von Jägern durchzogen als Nomaden oder Halbnomaden ganz Nordafrika und ließen sich an Orten nieder, die für ein seßhaftes Leben die geeignetsten Voraussetzungen boten. Archäologen haben Siedlungsfunde entlang der Hochebene über dem Niltal erforscht und zahlreiche Werkzeuge aus Feuerstein gefunden, die den früheren Bewohnern zum Jagen und Fischen gedient hatten. Diese Funde gleichen den Spuren aus der Steinzeit, die in anderen Teilen Nordafrikas und im europäischen Mittelmeerraum entdeckt wurden.

Vermutlich wanderten in der Vorzeit Völker vom Osten und Westen her, so z.B. aus Libyen oder dem asiatischen Raum, nach Ägypten ein. In der Endphase des Paläolithikums wurde das Klima trockener, die Wälder verschwanden und die Grasebenen wichen der Steppe. Wasservorkommen und Vegetation gab es nur noch in einigen wenigen Oasen und im Niltal. Während die umliegenden Gebiete allmählich zur Wüste wurden, zog das grüne Niltal immer mehr Menschen an.

Wenn Ende Juni der Nil anschwoll, wanderte die Bevölkerung in höhergelegene Regionen des Niltals ab, und im September, wenn der Strom seinen Höchststand

Feuersteinpfeilspitzen aus der Sahara, 6. Jahrtausend v. Chr.

Dieser Ausschnitt der Jagdpalette aus einem ägyptischen Grab aus der prädynastischen Periode (um 3000 v. Chr.) zeigt Jäger mit Steinäxten, Stöcken, Feuersteinmessern, Speeren, Bogen und Jagdhunden. (Britisches Museum)

erreichte, jagten die Menschen auf dem Hochplateau Gazellen und andere Tiere. Das Zurückweichen der Fluten im Oktober hinterließ eine neue dicke Schlammschicht sowie Wasserlöcher voller Fische. Es gab Wildgeflügel in Hülle und Fülle, da die Zugvögel auf ihrer Route in Richtung Süden am Nil entlangflogen. Auf dem fruchtbaren Boden gediehen zahlreiche Pflanzen wie Emmerweizen und Papyrusgras, so daß Nahrung im Überfluß vorhanden war. Im Frühling sank der Wasserpegel des Nils auf den niedrigsten Stand, so daß die Vegetation stark zurückging. Die Menschen gingen daher auf die Jagd nach Tieren, die sich in die bewaldeten Gebiete zurückgezogen hatten.

Die Besiedelung nahm mit der Zeit zu, die Menschen wurden seßhafter und ernährten sich entweder von der Landwirtschaft oder von der Jagd. In den südlichen Gebieten lebten die Siedler hauptsächlich von der Viehzucht, während im nördlichen Deltagebiet aufgrund des fruchtbaren Bodens und des gemäßigten Klimas in erster Linie Ackerbau betrieben wurde. In dieser Zeit entstanden im Niltal kleinere, meist voneinander unabhängige Gemeinschaften, die ihre Toten nach Erkenntnissen der Archäologen in der Nähe ihrer Wohnstätten oder auf Friedhöfen am Rande der Wüste bestatteten. Funde deuten darauf hin, daß die Menschen schon damals an ein Leben nach dem Tode glaubten, da die Toten Waffen, Werkzeuge, Schmuckstücke, Steingefäße und Nahrungsmittel als Grabbeigaben erhielten, die dem Verstorbenen im Jenseits scheinbar von Nutzen sein sollten. Der Leichnam wurde gewöhnlich in Tierhäute oder Schilfmatten eingewickelt und in gekrümmter Haltung begraben. Aufgrund des trockenen Klimas wurde der Körper auf natürliche Art und Weise mumifiziert und trocknete vollständig aus.

Mit zunehmender Größe der Siedlungen wurden die verschiedenen Tätigkeiten innerhalb der Gemeinschaften aufgeteilt, um die jahreszeitlich bedingten Arbeiten wie Be- und Entwässerung, Säuberung der Kanäle und Errichtung von Dämmen zu organisieren sowie die alljährliche Nilüberschwemmung zu regulieren und für die Landwirtschaft zu nutzen.

So entstand eine Struktur, die den Grundstein für die Entwicklung einer hochzivilisierten Kultur im alten Ägypten legte. Aufgrund der geographischen Gegebenheiten war Ägypten in zwei Teile gegliedert, nämlich Oberägypten im Süden und Unterägypten im nördlichen Deltagebiet. Diese beiden Gebiete, die sich zunächst in zwei voneinander unabhängige Königreiche entwickelten, wurden später unter einem Herrscher vereint und bildeten das Königreich Ägypten. Die Könige Unter-

ägyptens mit der Hauptstadt Buto trugen als Herrschaftszeichen die rote Krone und führten die Biene als Symbol ihres Reiches ein. Ihre Hauptgottheit war die Göttin Neith, die durch eine Kobra verkörpert wurde. Oberägypten mit der Binse als Reichsemblem hatte die Stadt Hierakonopolis südlich von Luxor zur Hauptstadt. Die Herrscher trugen die weiße Krone und verehrten die Geiergöttin als wichtigste Gottheit.

Der Beginn der altägyptischen Zivilisation wird gewöhnlich auf ca. 3000 v. Chr. datiert, als König Menes, der wahrscheinlich identisch mit dem Herrscher Narmer war, sein Königreich Oberägypten mit dem Deltagebiet von Unterägypten vereinte. Dieser Zusammenschluß bedeutete aber keineswegs, daß die beiden Königreiche ihre Identität verloren. Der neue Herrscher galt nicht als „König von Ägypten", sondern besaß den Titel „König von Ober- und Unterägypten". Die Könige der 1. Dynastie erhielten zwei Grabstätten, eine in der Nähe von Memphis in Unterägypten und eine im oberägyptischen Abydos.

Manetho, ein ägyptischer Priester, um 300 v. Chr., lieferte mit seinem umfassenden Geschichtswerk und den Königslisten die Grundlage für eine chronologische Reihenfolge der geschichtlichen Ereignisse. Im Hinblick auf die ersten Könige gibt es in manchen Fällen jedoch keine exakten Kenntnisse über die chronologische Abfolge, genaue Namen und vollständige Daten. Bis zur Eroberung Ägyptens durch Alexander den Großen im 4. Jh. v. Chr. war das Land von insgesamt 30 verschiedenen Dynastien regiert worden. Im Anschluß daran herrschten die Makedonier, Griechen (Ptolemäer), Römer, Byzantiner und Perser, bevor im 7. Jh. n. Chr. die Araber ins Land einfielen und die Macht ergriffen. Die einzelnen Königsdynastien können zu mehreren Hauptperioden zusammengefaßt werden, die im folgenden erläutert werden:

FRÜHZEIT: 1. und 2. Dynastie: 3000–2650 v. Chr.

Im Süden der heutigen Metropole Kairo wurde die neue Hauptstadt Memphis gegründet. Die Herrscher errichteten ihre Königsgräber im nahegelegenen Saqqara und weiter südlich in Abydos. Die Könige der 1. Dynastie wurden in sogenannten Mastaba-Gräbern bestattet, die aus in den Fels geschlagenen Löchern bestanden, die mit einem Oberbau aus Lehmziegeln versehen wurden. Die Toten erhielten wertvolle Grabbeigaben, die in den meisten Fällen später von Grabräubern gestohlen oder zerstört wurden. Gleichzeitig mit dem Hauptbegräbnis fanden Nebenbestattungen von Bediensteten statt, die vermutlich dem König in den Tod

Diese grobkörnige Weizensorte wurde in einem landwirtschaftlichen Versuchsbetrieb im englischen Buster gezüchtet und ist mit dem im alten Ägypten angebauten Emmerweizen vergleichbar.

Dieses Relief an der Außenfassade des Horus-Tempels in Edfu zeigt den Pharao mit der Doppelkrone von Ober- und Unterägypten zwischen zwei Göttinnen. Die Göttin links trägt die rote Krone Unterägyptens, die Göttin rechts die weiße Krone Oberägyptens. Ptolemäische Periode

folgen mußten, um ihm im Jenseits weiterhin zu dienen. Nach dem Ende der 2. Dynastie wurde dieser Brauch jedoch abgeschafft. Statt dessen wurden dem Grab des Königs kleine Figuren in Gestalt der Diener oder anderer hochstehender Würdenträger in dem Glauben beigegeben, diese Statuetten mit Hilfe magischer Zaubersprüche im Jenseits zum Leben erwecken zu können, um dem Herrn auch dort dienstbar zu sein.

ALTES REICH:

3. bis 6. Dynastie: 2650–2150 v. Chr.

In dieser Periode entstanden die ersten bedeutenden Steinbauten, die die herkömmlichen Bauwerke aus Lehmziegeln allmählich ablösten. Zum ersten Mal wurden Königsgräber in Form von Pyramiden errichtet. Der mächtigste Herrscher der 3. Dynastie war König Djoser, der die berühmte Stufenpyramide von Saqqara erbauen ließ. Sein oberster Beamter Imhotep wurde zum Baumeister der Pyramide ernannt und später als Gottheit verehrt. Er war als Hausgott besonders beim einfachen Volk sehr beliebt.

Während der 4. Dynastie wurde der Pyramidenbau vor allem unter König Snofru vorangetrieben, der mindestens drei Pyramiden errichten ließ, unter anderem die „Knickpyramide" von Daschur südlich von Saqqara. Während der Herrschaft seines Sohnes Cheops wurde die Große Pyramide von Giseh erbaut. Überlieferte Aufzeichnungen aus der 5. und 6. Dynastie berichten von Handelsexpeditionen nach Nubien, Libyen und Vorderasien. Die Zentralmacht verlor an Gewicht, während auf lokaler Ebene Verwaltungsbezirke mit eigenen Gerichten entstanden, die später von den Griechen als Nomes bezeichnet wurden. Die Königsgräber verloren allmählich an Prunk und Größe, was auf ein Schwinden der königlichen Macht und einen Rückgang des Wohlstands schließen läßt. Die Verehrung des Sonnengottes Re breitete sich immer weiter aus, und das Ansehen seiner Priesterschaft stieg beständig.

ERSTE ZWISCHENZEIT:

7. bis 10. Dynastie: etwa 2150–2040 v. Chr.

Diese Periode war eine Zeit der Instabilität und des Zerfalls. Hinzu kamen schlechte Ernten, geringe Nilüberschwemmungen und ein allgemeiner Niedergang der Zentralmacht. Neben der alten Hauptstadt Memphis entwickelten sich Zentren lokaler Machtentfaltung. Während der 9. und 10. Dynastie gewann die Stadt Heliopolis an Einfluß, und Theben wuchs zu einem

Der falkenköpfige Horus, der mythische König des alten Ägypten, hält das Lebenszeichen Anch in seiner linken und das Was-Zepter in seiner rechten Hand. Auf dem Haupt trägt er die Doppelkrone von Ober- und Unterägypten. Links sitzt der oberägyptische Geier mit der weißen Krone auf einer Lotospflanze, während auf der rechten Seite der Falke Unterägyptens auf einer Papyruspflanze hockt. Reliefszene an der Außenwand des Horustempels von Edfu. Ptolemäische Periode

wichtigen Zentrum heran. Der thebanische Herrscher Mentuhotep I. erlangte schließlich die Kontrolle über das ganze Reich und leitete mit der Gründung der 11. Dynastie eine neue Ära ein.

MITTLERES REICH:
11. bis 14. Dynastie: etwa 2040–1680 v. Chr.
Die Zentralmacht wurde erneut gestärkt und das Reich bis nach Nubien ausgedehnt. Die Herrscher der 11. Dynastie regierten das Land von Theben aus und führten das System einer Mitregentschaft ein. Der König ernannte einen Nachfolger, gewöhnlich einen seiner Söhne, mit dem er während der letzten Jahre seiner Herrschaft gemeinsam die Macht ausübte, um nach seinem Tode die Einführung des Thronfolgers zu erleichtern. Die 13. Dynastie war durch einen erneuten Verfall der zentralen Regierungsgewalt und durch Einfälle von Fremdvölkern an den ägyptischen Grenzen gekennzeichnet.

ZWEITE ZWISCHENZEIT:
15. bis 17. Dynastie: etwa 1680–1580 v. Chr.
Aus Vorderasien eingewanderte Siedler ließen sich im östlichen Deltagebiet nieder. Die gesamte Region einschließlich der Stadt Memphis geriet unter die Herrschaft der aus Palästina stammenden Hyksos-Könige. In der 15. und 16. Dynastie regierten zwei Herrscherhäuser nebeneinander. Die Hyksos kontrollierten das Deltagebiet, während die 17. Dynastie aus ägyptischen Königen das Land von Theben aus beherrschte. Die Hyksos führten die Verwendung von Pferden und Kampfwagen sowie neuartige Waffen in die Kriegsführung ein, die später von den Ägyptern zu ihrer eigenen Verteidigung übernommen wurden.

NEUES REICH:
18. bis 20. Dynastie: etwa 1580–1075 v. Chr.
Die thebanischen Könige entrissen schließlich den Hyksos die Macht. Unter Ahmose I., dem Begründer der 18. Dynastie, wurde das Land wiedervereinigt. Im Laufe der Zeit dehnten die ägyptischen Herrscher das Reich im Osten bis an den Euphrat und im Süden bis nach Kusch aus. Außerdem wurden nützliche Bündnisse und politisch motivierte Vermählungen mit Herrscherhäusern in Vorderasien geschlossen.

In dieser Zeit entstanden zahlreiche Monumentalbauten und Tempelanlagen. Die 18. Dynastie brachte viele heute noch berühmte Könige hervor, deren Existenz durch archäologische Funde ausführlich belegt ist, so z.B. Königin Hatschepsut, Amenophis III., Echnaton, Tutanchamun und Horemhab. Die 19. Dynastie wurde unter anderem durch die Könige Ramses I. und II. sowie Sethos I. und II. geprägt.

Ägypten erlebte gegen Ende des Neuen Reiches unter den letzten Herrschern der 20. Dynastie einen erneuten Niedergang. Das Land war verstärkt feindlichen Angriffen, insbesondere durch die Seevölker, ausgesetzt. Die Macht der Könige schwand, während die Priester des Gottes Amun an Einfluß gewannen.

DRITTE ZWISCHENZEIT:
21. bis 24. Dynastie: 1075–740 v. Chr.
Der Zerfall der Staatsmacht war nicht mehr aufzuhalten. König Smendes, Begründer der 21. Dynastie, regierte den nördlichen Teil Ägyptens von der im Deltagebiet liegenden Stadt Tanis aus. Gleichzeitig wurde der Süden des Landes von den Hohenpriestern des Amun in Theben (wie z.B. Pinudjem I.) beherrscht. Schließlich gewann der aus Libyen stammende Herrscher Scheschonk I. die Macht über die Deltaregion, gründete die 22. Dynastie und setzte seinen Sohn als Herrscher in Theben ein. Unter der 22., 23. und 24. Dynastie zerfiel Ägypten weiter und wurde gleichzeitig von mehreren Herrscherhäusern in den einzelnen Landesteilen beherrscht. Die Kuschiten, die ihr Reich von Kusch in Richtung Norden ausdehnten und schließlich die Stadt Theben eroberten, bildeten die 25. Dynastie. Sie waren allerdings nicht in der Lage, die Könige der 24. Dynastie, die immer noch das Deltagebiet von Sais aus regierten, zu verdrängen.

SPÄTZEIT:
25. bis 30. Dynastie: 740–343 v. Chr.
Der kuschitische König Schabako aus der 25. Dynastie verlegte die Hauptstadt Ägyptens von Theben nach Memphis. Einfälle der Assyrer, die von Herrschern aus dem Deltagebiet unterstützt wurden, führten schließlich zum Sturz der Dynastie der Kuschiten und zur Errichtung einer assyrischen Fremdherrschaft. Als sich die Assyrer aufgrund von Kämpfen in ihrer Heimat aus Ägypten zurückzogen, gründete Psammetich I. die 26. Dynastie und verschaffte der Herrscherlinie der Saiten die Obermacht in Ägypten. Zu dieser Zeit wurden griechische Söldner in das ägyptische Heer aufgenommen, und griechische Händler ließen sich an der ägyptischen Mittelmeerküste nieder.

Im Jahre 525 v. Chr. fielen die Perser, die sowohl Feinde der Griechen als auch der Ägypter waren, ein und errichteten die 27. Dynastie. Im Jahre 404 v. Chr. befreiten sich die Ägypter von der Fremdherrschaft und regierten während der 28., 29. und 30. Dynastie ihre Heimat, bis die Perser unter Artaxerxes III. zurückkehrten und das Land von 343 bis 332 v. Chr. beherrschten.

MAKEDONISCHE UND PTOLEMÄISCHE ZEIT:
332–30 v. Chr.
Nachdem Alexander der Große den persischen Herrscher Dareios III. in der Schlacht von Issos besiegt hatte, unterbrach er seinen Vormarsch gegen das Persische

Die Stufenpyramide des König Djoser steht am Rande der Westlichen Wüste und überragt die Schwemmebene des Nils. Die Palmen begrenzen die Westseite des Niltals bei Saqqara in der Nähe von Memphis, das unter der Regentschaft des König Djoser die Reichshauptstadt war.

Die Pyramiden des Cheops, Chephren und Mykerinos in Giseh (von rechts nach links) zählen zu den größten Bauwerken, die jemals von Pharaonen errichtet wurden.

Reich in Kleinasien, um die Ägypter im Jahre 332 v. Chr. von der persischen Herrschaft zu befreien. Nach dem Tode Alexanders des Großen ging die Regentschaft zunächst auf die direkten Thronfolger über, bevor Ptolemaios I. Soter, der makedonischer Verwalter in Ägypten gewesen war, die Macht übernahm. Die Ptolemäer verlegten während ihrer Herrschaft von 305 bis 30 v. Chr. die Hauptstadt nach Alexandria und verstärkten den Einfluß der hellenistischen Welt. Sie restaurierten und vergrößerten alte Tempel, errichteten neue und führten den Kult der Gottheit Serapis ein, in den sowohl Elemente der ägyptischen als auch der griechischen Religion einflossen.

RÖMISCHE ZEIT: 30 v. Chr.–337 n. Chr.

Ägypten spielte im Kampf zwischen Pompeius, Julius

Wagenlenker mit Pferd und Kampfwagen. Wandgemälde aus dem Grab des Nebamun in Theben, um 1400 v. Chr. (Britisches Museum)

Caesar, Mark Anton und Augustus um die Herrschaft in Rom eine nicht unbedeutende Rolle. Kleopatra VII. sowie ihr Bruder und ihr Sohn Caesarion waren die letzten ptolemäischen Herrscher in Ägypten, bevor die römischen Kaiser die Macht übernahmen. Die Römer sahen in Ägypten lediglich eine Provinz, die Speisen, exotische Waren und Steuereinnahmen an Rom lieferte. Einige Kaiser, insbesondere Hadrian, bereisten dennoch das Land und zeigten Interesse für die ägyptische Kultur und Religion.

Im 4. Jahrhundert n. Chr. verordnete Kaiser Theodosius, daß alle Ägypter zum christlichen Glauben übertreten sollten und befahl die Schließung aller heidnischen Tempel. Einige Gebiete entgingen dieser Maßnahme, bis Kaiser Justitian im Jahre 553 die letzten Tempel in Philae und Siwah schließen ließ und damit

Kleopatra und ihr Sohn Caesarion, dessen Vater Julius Caesar war, bringen den Göttern Opfergaben dar. Reliefszene an der Außenwand des Hathortempels in Dendera. Kleopatra trägt das Kuhgehörn mit der Sonnenscheibe der Göttin Hathor, die als göttliche Mutter des herrschenden Pharaos galt. In der einen Hand hält sie ein Gefäß für das Trankopfer und in der anderen ein Sistrum. Caesarion trägt auf seinem Haupt die Doppelkrone und das Widdergehörn des Amun. Er bietet den Göttern Weihrauch in einem Räuchergefäß dar. Über ihm schwebt ein Falke mit schützend ausgebreiteten Flügeln, der als Sinnbild des Sonnengottes Re oder des Gottes Horus verehrt wurde.

das Ende der altägyptischen Religionsausübung herbeiführte. Gleichzeitig hatte sich in Ägypten mit der Gemeinschaft der koptischen Christen eine besondere Form des Christentums entwickelt. Diese Religionsgemeinschaft trug in ihrer frühen Entwicklungsphase deutliche Züge der ägyptischen Religion und der griechischen Mythologie.

Ägypten wurde schließlich Teil des Byzantinischen Reichs. Während dieser Zeit wurden die ägyptischen Grenzen im Westen von Eindringlingen aus Nordafrika, im Süden von Nubien und im Osten von den persischen Sassaniden bedroht, bis die Araber im 7. Jahrhundert Ägypten endgültig eroberten und den islamischen Glauben einführten. Mit der Zerstörung der ägyptischen Religion und der Vertreibung der Priesterschaft ging die Bedeutung der Hieroglyphen verloren, bis im 19. Jahrhundert die Entzifferung dieser geheimnisvollen Schrift gelang. In diesen rätselhaften Zeichen liegt sicherlich ein Teil der mystischen Faszination begründet, die bis in unsere heutige Zeit von den alten Ägyptern und ihrer Religion ausgeht.

DIE WIEDERENTDECKUNG DES ALTEN ÄGYPTEN

Ohne die Entzifferung der ägyptischen Hieroglyphen war ein wirklicher Einblick in die Welt der alten Ägypter und ihrer Zivilisation nicht möglich. Obwohl die Entschlüsselung dieser geheimnisvollen Schriftzeichen erst im 19. Jahrhundert gelang, zeigten die Europäer schon viel früher ein sehr großes Interesse für die ägyptische Kultur und sammelten im Laufe der Jahrhunderte möglichst viele Erfahrungen und Kenntnisse, indem sie das Land bereisten, die altägyptischen Kunstwerke studierten und Antiquitäten nach Europa brachten. Auch wenn der Schlüssel zu den Hieroglyphen noch nicht gefunden war, verfügten die Europäer über frühe Quellen und Zeugnisse, die über die Zeit im alten Ägypten berichteten.

Das in dieser Hinsicht bedeutendste Werk war die Beschreibung Ägyptens, die der griechische Geschichtsschreiber Herodot in seinen um 425 v. Chr. entstandenen „Historien" lieferte. Herodot hatte etwa im Jahre 450 v. Chr. das Land besucht und schrieb vorwiegend über das Deltagebiet, obwohl er vermutlich in südliche Richtung bis Assuan gereist war. Einen Großteil seiner Informationen erhielt er von ägyptischen Priestern. Nichtsdestotrotz war Herodot ein hervorragender Beobachter und sammelte eigene Eindrücke, aufgrund derer er die Sitten und Gebräuche, wie z.B. Festlichkeiten, magische Riten, Tierkulte, Bestattungszeremonien und Mumifizierungen beschrieb. Einige seiner Berichte haben sich zwar als unzuverlässig erwiesen, aber der überwiegende Teil seiner Angaben wurde durch spätere Forschungsergebnisse bestätigt.

Um 60 v. Chr. begab sich ein weiterer griechischer Autor, Diodor von Sizilien, auf die Reise nach Ägypten. Seine Weltgeschichte enthält eine Darstellung Ägyptens, die teilweise auf früheren Berichten und Quellen, wie z.B. die von Herodot, basierte. Erstaunlicherweise machte Diodor Ausführungen zum Brauch der Mumifizierungen, die bei Herodot nicht erwähnt sind. Außerdem nahm er eine kurze Version des Osiris-Mythos in sein Werk auf. Plutarch, ein griechischer Schriftsteller, der in Rom lebte, verfaßte später eine ausführlichere Fassung der Osiris-Legende.

Während der Herrschaft der Römer besuchten viele Reisende Ägypten. Sie kamen meist im Hafen von Alexandria an und fuhren den Nil abwärts nach Memphis, Giseh und Theben und reisten manchmal sogar bis zur Insel Elephantine. Strabo, einer der großen Gelehrten der römischen Welt, die sich sehr oft auf Reisen begaben, kam um 25 v. Chr. nach Ägypten, verbrachte etliche Jahre in Alexandria und drang bis zum Ersten Katarakt vor. Der letzte Band seiner „Geographie" enthält einen Bericht über Ägypten mit besonderem Schwerpunkt auf Unterägypten, der späteren Reisenden als wichtiges Handbuch diente. Die römischen Schriftsteller Plinius, Plutarch und Josephus trugen mit ihren Werken ebenfalls zur Erweiterung der Kenntnisse auf dem Gebiet der altägyptischen Zivilisation bei.

Während der Christianisierung Ägyptens im ersten Jahrtausend n. Chr. wurde ein Teil der geschichtlichen Zeugnisse dieser uralten Kultur zerstört. Zahlreiche Tempelreliefs und Inschriften wurden von den Christen zerschlagen, da sie ihrer Meinung nach der Götzenverehrung dienten. Einige Tempel wurden in christliche Kirchen umgewandelt oder als Steinbrüche für die Errichtung neuer Bauwerke verwendet. In anderen Tempelanlagen entstanden inmitten der Heiligtümer neue Häuser.

Von dieser Zeit an reisten wenige Menschen nach Ägypten, bis das Land im 16. Jahrhundert unter türkische Herrschaft geriet und die Handelsbeziehungen mit Europa ausgebaut wurden. Dadurch wurden mehr und mehr europäische Besucher nach Ägypten gelockt. Im 18. Jahrhundert kam das Reisen bei wohlhabenden Europäern in Mode, die in großer Zahl nach Ägypten kamen. Diese Reisenden fanden großes Interesse am Sammeln ägyptischer Antiquitäten. So entstand ein lebhafter Handel zwischen der einheimischen Bevölkerung und den europäischen Kunstsammlern. Antiquitätenhändler aus Frankreich, England, Deutschland und Italien erwarben ganze Sammlungen ägyptischer Kunstgegenstände, die heute in den Museen von Paris, London, Berlin und Turin sowie in anderen Städten in ganz Europa zu bewundern sind. Die Veröffentlichung einer Vielzahl an detaillierten topographischen Studien war ebenfalls Ausdruck der großen Faszination, die von Ägypten ausging.

Als Napoleon Bonaparte im Jahre 1798 Ägypten eroberte, veranlaßte er umfassende wissenschaftliche,

Strabo lieferte eine ausführliche Beschreibung der Memnonkolosse, die Amenophis III. vor seinem Totentempel errichten ließ. Der Tempel befand sich im Überschwemmungsgebiet des Nils. Die Wasserfluten und die Entwendung von Steinen durch spätere Könige, die damit ihre eigenen Tempel erbauten, führten zur vollständigen Zerstörung des Bauwerks und hinterließen nur diese beiden Kolossalstatuen des Amenophis III., die ursprünglich am Tempeleingang standen. Die ehemalige Schwemmebene des Nils ist deutlich erkennbar. Dahinter beginnt der steile Westrand des Niltals. In den Bergen hinter den Kolossen liegt das Tal der Könige, in dem viele Könige des Neuen Reiches begraben wurden. In den Berichten Strabos heißt es, daß eine der Statuen beim ersten Strahl des Sonnenaufgangs ein singendes Geräusch ertönen ließ. Zunächst ging Strabo davon aus, daß die einheimische Bevölkerung diese Töne verursachte, war dann allerdings von einem übernatürlichen Ursprung überzeugt. Erklärungen für das Zustandekommen dieser Töne könnten ein Materialfehler und die Ausdehnung des Gesteins durch die Hitze der Sonnenstrahlen sein. Das Geräusch verstummte, als Septimius Severus einige Zeit später das Monument reparieren ließ.

OBEN
Dieses Wandrelief aus dem Amun-Tempel von Karnak stellt Amenophis III. auf seinem Kampfwagen dar. Der Kopf des Königs wurde absichtlich zerstört.

RECHTS
Der Stein von Rosette mit Hieroglyphen und Inschriften in griechischer und demotischer Schrift.

kulturelle und historische Forschungsstudien über die ägyptische Zivilisation. Diese Arbeit wurde während der französischen Besatzungszeit in Angriff genommen und führte in den Jahren von 1809–1828 zur Veröffentlichung der 19bändigen Ausgabe „Description de l'Égypte".

Einer der bedeutendsten Funde der Franzosen wurde eher zufällig gemacht. Im Jahre 1799, als die Franzosen an der Küste in der Nähe der Stadt Rosette ihre Verteidigungsanlagen gegen die Engländer ausbauten, stießen sie auf einen Stein mit drei langen Inschriften, die in Hieroglyphen, demotischer und griechischer Schrift eingemeißelt waren. Nach dem Sieg der Briten über die Franzosen wurde der Stein nach Großbritannien gebracht. Er ging als Stein von Rosette in die Geschichte ein und ist heute im Britischen Museum zu bewundern. Die Übersetzung der griechischen Inschrift bereitete keine Schwierigkeit und stellte sich als Erlaß des Königs Ptolemaios V. aus dem Jahre 196 v. Chr. heraus. Als man feststellte, daß die demotische Version und die Hieroglyphenzeichen direkte Übersetzungen des griechischen Textes waren, rückte die Entzifferung der Hieroglyphen in greifbare Nähe.

Hieroglyphen auf einer Stele des Inyotef von Abydos. 12. Dynastie, um 1930 v. Chr. (Britisches Museum)

Nach einigen falschen Ansätzen verschiedener Forscher gelangte Thomas Young schließlich zu der Erkenntnis, daß sich die Hieroglyphenschrift sowohl aus Lautzeichen, bei denen jedes Zeichen für einen Laut steht, als auch aus Deutzeichen, bei denen jede Hieroglyphe für eine durch ein Bild verkörperte Idee steht, zusammensetzt. Der Franzose Jean François Champollion führte diese Arbeit weiter und veröffentlichte 1822 ein Buch, in dem die ägyptischen Hieroglyphen analysiert wurden. Dank dieses Werks wurde das Geheimnis der rätselhaften Schrift nach 1500 Jahren gelüftet, und die alten Texte, Papyri und Inschriften konnten endlich entschlüsselt werden.

Unter der Hieroglyphenschrift versteht man die ursprünglich von den Ägyptern entwickelte Schriftform, bei der Symbole oder Zeichen hintereinander auf Linien geschrieben wurden. Es gibt keine Punkte oder Leerstellen zur Markierung von Abständen oder Sätzen. Die Symbole „zeigen" zum Zeilenanfang, d.h. wenn die Menschen- oder Tierköpfe nach links zeigen, muß die Zeile von links gelesen werden, und umgekehrt. Spalten werden immer von oben nach unten gelesen. Da es keine Zeichen für Vokale, sondern nur für Konsonanten gibt, ist uns die genaue Aussprache der alten Ägypter nicht bekannt. Die koptische Sprache, eine spätere Form des Ägyptischen mit griechischen Buchstaben und einigen Zeichen, die von den Hieroglyphen abgeleitet wurden, liefert uns jedoch einige Hinweise auf die Aussprache.

Die Hieroglyphenzeichen konnten drei Funktionen erfüllen. Zunächst dienten sie als Phonogramme, bei denen jedes Zeichen einen einzelnen Konsonanten oder eine Konsonantengruppe wie pr oder nfr darstellt. Zum zweiten waren sie Logogramme, die als Bildsymbole tatsächlich den abgebildeten Gegenstand bedeuteten. Und drittens konnten sie als Determinative am Ende eines Wortes aus Phonogrammen verwendet werden und so die ursprüngliche Bedeutung des Wortes verändern. Die Buchstaben des Wortes Frau konnten mit einem Zeichen, dem Determinativ, kombiniert werden, so daß sich die Bedeutung für eine sitzende Frau ergab.

Die hieratische Schrift entwickelte sich um 2700 v. Chr. und ist in ihrer Form einfacher als die Hieroglyphenzeichen. Da mit dieser Schrift ein schnelleres Schreiben auf den Papyri möglich war, wurden literarische und administrative Texte vorwiegend in hieratischer Schrift abgefaßt. Die demotische Schrift ist im

Altägyptische Hieroglyphen: Aufzählung der Opfergaben auf der Begräbnistafel eines hohen Beamten, um 2550 v. Chr. (Britisches Museum)

7. Jahrhundert aus dem Hieratischen hervorgegangen und wurde für Handelspapiere und Verwaltungstexte und später auch für literarische, technische und sogar religiöse Werke verwendet. Die demotische Schrift starb im 2. Jahrhundert n. Chr. aus, da die römischen Beamten die Amts- und Gesetzestexte in Griechisch verfaßten und die Kopten eine eigene koptische Schriftform entwickelt hatten, nämlich eine ägyptische Sprache mit griechischen Buchstaben und einigen zusätzlichen Symbolen.

Die Entzifferung der alten Texte, Papyri und Inschriften eröffnete neue Horizonte, da sie der Erforschung ägyptischer Kunstwerke einen neuen Impuls gab und bei dieser Arbeit künftig einen wissenschaftlicheren Ansatz ermöglichte. Im Jahre 1858 ernannten die Ägypter einen eigenen für die Schätze des Altertums zuständigen Leiter und begannen mit der Kontrolle der Ausfuhr von Antiquitäten, bis sie schließlich die antiken Kunstgegenstände in einem eigens für diesen Zweck errichteten Gebäude ausstellten, dem Ägyptischen Museum von Kairo. Zahlreiche andere Länder fuhren dennoch mit ihren Ausgrabungen, Konservierungen und Forschungsarbeiten fort, so daß unser Wissen um die Götter und Mythen sowie unsere Kenntnis der Zivilisation des alten Ägypten von Jahr zu Jahr wächst.

DIE ÄGYPTISCHE RELIGION

Das erste Eintauchen in die Welt des alten Ägypten – sei es durch Bücher, Museumsbesuche oder eine Reise in das Land – erweist sich einerseits als faszinierende Erfahrung, hinterläßt andererseits aber auch einen ambivalenten Eindruck, insbesondere im Hinblick auf die Religion und Mythen, da fast alle Zeugnisse aus jener Zeit in Grabstätten und Totenkammern gefunden wurden. Grabausstattungen, Totenbeigaben, Figuren, die dem Verstorbenen mit ins Grab gelegt wurden, und Malereien an den Grabwänden haben uns einen umfassenden Einblick in das Alltagsleben der alten Ägypter ermöglicht.

All dies vermittelt uns den Eindruck, daß das ägyptische Volk vom Tod, oder zumindest von Jenseitsvorstellungen, in besonderem Maße geprägt war. Wenn wir berücksichtigen, daß der Großteil der Bevölkerung relativ arm war und nicht sehr viel besaß, was als Grabbeigabe hätte dienen können, erstaunt der große Reichtum und Prunk der alten Grabfunde um so mehr. Da wir nicht die Möglichkeit haben, die einfachen Menschen in ihren bescheidenen Behausungen bei ihren Tätigkeiten des Alltags zu beobachten, bleibt unsere Vorstellung vom Leben im alten Ägypten beschränkt.

Bei eingehender Beschäftigung mit der altägyptischen Religion stößt man buchstäblich auf Hunderte von Gottheiten, die teils in Form von Tieren, teils in Menschengestalt mit Tierköpfen erscheinen oder die seltsamsten Ungeheuer darstellen. Da wir nicht in das Innerste der alten Ägypter vordringen können, bleiben uns ihre tieferen religiösen Empfindungen verborgen. Damals galt ebenso wie heute der Grundsatz, daß hundert verschiedene Menschen ebenso viele unterschiedliche Glaubenseinstellungen vertreten. Daher haben sich auch im alten Ägypten die religiösen Vorstellungen mit der Zeit gewandelt.

Dementsprechend änderten sich auch die religiösen Mythen im Laufe der Zeit oder wurden umgeschrieben. Andere Legenden gerieten vollkommen in Vergessenheit. Die altägyptische Zivilisation erstreckte sich über einen Zeitraum von mehr als 3000 Jahren, eine Zeitspanne, die uns aus der Gegenwart bis in eine Epoche der Vergangenheit zurückführen würde, als die Blütezeit der alten Griechen und die Römerzeit noch bevorstanden. Beim Gedanken an die Religion der alten Ägypter kommen uns Worte wie Totemverehrung, Fetischismus, Polytheismus und Magie in den Sinn, die alle in gewisser Hinsicht zutreffen. Dennoch geht man davon aus, daß das religiöse Denken von einer stark monotheistischen Strömung geprägt war. Die Werke der sogenannten Weisheitsliteratur und andere ethische Schriften, auf die wir an späterer Stelle ausführlicher eingehen werden, sind in dieser Hinsicht sehr aufschlußreich und bestätigen diese These.

Man darf natürlich nicht übersehen, daß unsere Gesellschaft sich sehr stark von der Welt der alten Ägypter unterscheidet und daß in unserem spezifischen Kulturkreis, unabhängig von unserer Glaubensrichtung, ein wirkliches Verstehen der altägyptischen religiösen Vorstellungen nicht möglich ist. Wir können jedoch die äußeren Erscheinungsformen sowie die Symbolik, Geschichte und Entwicklung dieser Religion untersuchen, ihre Faszination entdecken und einen gewissen Einblick in ihre Mystik erhalten.

Der Pharao steht zwischen Sachmet (löwenköpfige Göttin) und Ptah. Links befindet sich der Geier von Oberägypten mit der weißen Krone und rechts die Kobra von Unterägypten. Der König trägt die blaue Krone und die Königsinsignien Geißel und Krummstab. Brustschmuck aus dem Grab des Tutanchamun, 14. Jh. v. Chr. (Ägyptisches Museum, Kairo)

Im Weltbild der alten Ägypter spielte der Nil eine elementare Rolle. Das schwarze Schwemmland des Niltals bildete einen Kontrast zu den roten Felsen der Wüste dies- und jenseits des Flusses. Daher nannten die Ägypter diese beiden Gebiete das Schwarze Land und das Rote Land. Das schmale Niltal Oberägyptens unterschied sich grundlegend vom Nildelta in Unterägypten. Die alljährlichen Überschwemmungen verkörperten die Vorstellungen von Schöpfung, Tod und Wiedergeburt. Die Sonne, die jeden Morgen im Osten über den Bergen aufging und abends im Westen über der Wüste verschwand, symbolisierte ebenfalls einen immer wiederkehrenden Kreislauf der Erneuerung. Diese Naturereignisse führten bei den meisten Urvölkern zu einer vergleichbaren Mythenbildung. Der starke Kontrast zwischen dem fruchtbaren Tal und der Wüste sowie die ungewöhnlichen Lebensbedingungen aufgrund der Nilüberflutungen haben die ersten Einwohner Ägyptens in besonderem Maße geprägt.

Der Nil war im alten Ägypten die wichtigste Verkehrsstraße, so daß Boote und Schiffe das geeignetste Fortbewegungsmittel waren. Folglich glaubten die Ägypter, daß der Sonnengott Re bei seiner täglichen Himmelsreise auf einem Fluß in seiner Sonnenbarke segelte. Sie waren davon überzeugt, daß die Sonne, nachdem sie abends im Westen versunken war, in ihrem Boot auf den Gewässern der Unterwelt durch die Nacht segelte, um am nächsten Morgen im Osten wieder aufzusteigen. In diesen Breiten, in denen die starken Sonnenstrahlen sowohl segensreich als auch gefährlich sein konnten, bildeten die dunklen, kalten Wüstennächte einen starken Kontrast zur Sonnenkraft des Tages. Hierin könnte auch der Dualismus begründet sein, der die ägyptische Denkweise durchgängig geprägt hat: Tag und Nacht, Osten und Westen, Wüste und Fluß, Flut und Dürre, Säen und Ernten, Tod und Wiedergeburt, Gut und Böse. Diese universellen Begriffe spielten ganz allgemein bei der Entstehung von Mythen eine bedeutende Rolle, waren aber möglicherweise im Niltal spürbarer als an anderen Orten.

Bereits in der Frühzeit erhielten die Toten Opfergaben, die in irgendeiner Art eine religiöse Bedeutung hatten. Als solche Grabbeigaben dienten weibliche Statuetten aus gebranntem Ton oder Elfenbein, kleine Tierfiguren, die

OBEN
Dieses Wüstengrab aus der Frühzeit enthält einen in Tücher gewickelten Leichnam, Werkzeuge aus Feuerstein, eine Palette, Tongefäße und Nahrungsmittel. Die Grabbeigaben sollten dem Toten im Jenseits von Nutzen sein, vor 3100 v. Chr.

GEGENÜBERLIEGENDE SEITE
Tempelrelief aus dem Tempel der Hathor in Dendera, das die Kriegsgöttin Neith mit ihrem Symbol, dem Schild mit zwei gekreuzten Pfeilen, zeigt.

Der Tempel in Luxor ist den Göttern Amun, Mut und Chons geweiht. Sphinx-Skulpturen säumen den Prozessionsweg vom Tempel des Amun in Karnak bis zu den großen Pylonen des Tempels in Luxor.

An der Außenfassade eines Pylons am Eingang zu seinem Tempel in Medinet Habu in der Nähe von Luxor dokumentierte Ramses III. öffentlich seine Macht, indem er die Vernichtung seiner Feinde auf diesem Reliefbild darstellen ließ.

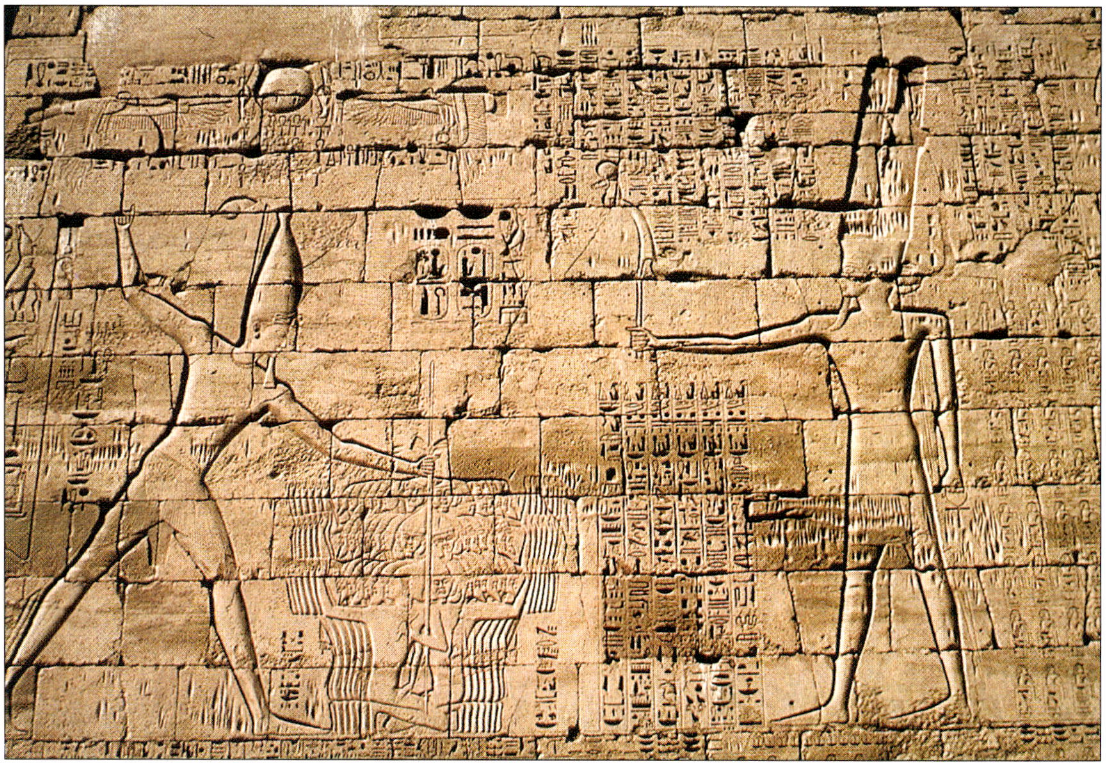

vermutlich angebetet wurden, sowie Schieferpaletten in Form eines Tieres, z.B. eines Nilpferds. Nützliche Alltagsgegenstände wurden den Verstorbenen ebenfalls mit ins Grab gelegt und sollten ihnen wahrscheinlich in einem Leben im Jenseits von Nutzen sein.

Die ersten ägyptischen Tongefäße aus der Frühzeit, die vor allem aus dem Deltagebiet stammten, waren mit Zeichen verziert, die ebenfalls auf Schiffsstandarten oder Wappen der Standartenträger abgebildet waren. Die Narmer-Palette (um 3000 v. Chr.) zeigt eine Prozession von vier Standartenträgern, wobei jede Standarte von einem Vogel, Säugetier oder anderen Gegenstand gekrönt ist, die vermutlich die Funktion eines Totems hatten. Sie waren möglicherweise Vorboten der Tierkulte, die während der gesamten Epoche des ägyptischen Altertums praktiziert wurden. Der Begriff „Totem" kommt eigentlich aus Nordamerika, wird aber auch im weiteren Sinne in der altägyptischen Religion verwendet. Er geht auf ein Wort der Algonkin-Sprache zurück, das soviel bedeutet wie Stammeszeichen oder Emblem einer Sippe. Das Totem besaß gewöhnlich die Form eines Tieres (seltener einer Pflanze oder eines anderen Naturobjekts), mit dem sich der Stamm oder die Sippe identifizierte. Da das Tier oft als Stammesvorfahr der Gruppe galt, wurde es als Schutzgeist angerufen und verehrt.

Die frühen Bewohner des Niltals bildeten unabhängige Stämme mit abgegrenzten Siedlungsgebieten. Nach der Landeseinigung wurde Ägypten in Provinzen eingeteilt, die diesen Gebieten in etwa entsprachen. Unter der Herrschaft der Ptolemäer wurden diese Gaue mit dem griechischen Wort Nomes bezeichnet. In ganz Ägypten gab es zu dieser Zeit 40 Nomes, die jeder ein eigenes Gauzeichen oder eine Standarte besaßen und entsprechend ihres Wappentieres oder des Gegenstands auf ihrer Standarte beispielsweise „Gau des Schakals" oder „Gau des Ibis" genannt wurden. Wenn eine Gemeinschaft sich für ein bestimmtes Tier als Emblem entschied, dann lag der Grund für diese Wahl oftmals darin, daß gewisse Eigenschaften dieses Tieres verehrt oder gefürchtet wurden. Die Embleme Schlange, Falke, Schakal, Skorpion oder Krokodil sind ganz offensichtlich der heimischen Tierwelt der Ägypter entnommen.

Einige Standartenzeichen stellen keine Tiere, sondern Gegenstände dar, die eher den Charakter eines Fetischs annehmen. In der langen Geschichte des alten Ägypten finden sich unzählige Beispiele für die große Bedeutung von Fetischen, magischen Kräften, Schutzamuletten und Zauberformeln, wie z.B. das Symbol des Schildes mit zwei gekreuzten Pfeilen der Kriegsgöttin Neith, das auf etlichen Emblemen aus der prädynastischen Zeit gefunden wurde.

Da die verschiedenen Regionen eigene Lokalgottheiten besaßen, entwickelten sich unterschiedliche Kultstätten mit eigenen Göttern und ihren Mythologien. Die wichtigsten sind in der nebenstehenden Tabelle aufgelistet.

Eine auf lokaler Ebene verehrte Ortsgottheit konnte sich allerdings im ganzen Land durchsetzen, wenn die Herrscher dieses Bezirks die Macht über ganz Ägypten ergriffen. So gewann Horus, der Hauptgott der Herrscher von Hierakonopolis, die zu Beginn der 1. Dynastie die Landeseinigung herbeiführten, aufgrund dieses politischen Erfolgs an Bedeutung. Der Gott Amun, der lange Zeit lediglich ein unbekannter Stadtgott gewesen war, wurde in ganz Ägypten als Gottheit der thebanischen

Könige verehrt, nachdem diese die Fremdherrschaft der Hyksos beendet hatten. Die Kriegsgöttin Neith aus der Stadt Sais gewann mit dem Sieg der Saiten-Könige unter der 26. Dynastie an Ansehen. Während der gesamten Geschichte des alten Ägypten wurde die Religion von den politischen Ereignissen bestimmt. Dies hatte zur Folge, daß entsprechend der politischen Gegebenheiten immer wieder neue Mythen gebildet oder alte Legenden umgedichtet wurden. Auf diesen Punkt werden wir an späterer Stelle näher eingehen.

Es gab eine Vielzahl an Gottheiten und Kultstätten, deren Priester die bestehenden Traditionen zu komplizierten Mythologien ausbauten, um die Überlegenheit ihres Lokalgottes und seines Kults gegenüber ihren Nachbarn und anderen konkurrierenden Kultorten zu festigen. Die Kultausübung war lediglich dem König und der Priesterschaft vorbehalten. Die Tempel wurden nicht zum Zwecke der öffentlichen Götterverehrung erbaut, sondern dienten nur den persönlichen Kultdiensten des Königs und der Priester.

Der König galt als Sohn des Sonnengottes Re und verkörperte in seiner Funktion als irdischer König Ägyptens den Gott Horus, den mythischen König Ägyptens und Nachfolger des Osiris. Nach seinem Tode lebte der König im Himmel im Gefolge des Re und erhielt

HAUPTKULTSTÄTTEN IM ALTEN ÄGYPTEN

Ort:	**Lokalgottheit:**
Buto	*Wadjet (Uto, Edjo; Schlangengöttin), später Horus*
Sais	*Neith*
Busiris	*Seth*
Heliopolis	*Atum oder Re*
Memphis	*Ptah und Sachmet*
Hermopolis	*Thot*
Tanis	*Onuris*
Abydos	*ein Schakal, später Osiris*
Dendera	*Hathor*
Koptos	*Min*
Ombos	*Seth*
Theben	*Amun*
Edfu	*Horus*
Elephantine	*Chnum*

König Sethos I. bietet dem Gott Horus Weihrauch als Opfergabe dar. Wandmalerei aus dem Heiligtum des Horus im Tempel von Abydos

einen Platz unter den Gestirnen. Mit wachsender Bedeutung des Osiris-Kults wurde in dem toten König der Gott Osiris gesehen, der dem Mythos nach als ehemaliger König nach seinem Tode die Herrschaft über die Unterwelt angetreten hatte.

Die oberste Pflicht des Königs bestand in der Aufrechterhaltung der Maat in Ägypten. Unter Maat verstand man den Zustand der göttlichen Ordnung und Gerechtigkeit. Dies beinhaltete einen täglichen Kultdienst, der in jedem Tempel vor dem Schrein der betreffenden Gottheit ausgeführt werden mußte. Dieses Ritual war ursprünglich die persönliche Pflicht des Königs, da er aber nicht in allen Tempeln des Landes gleichzeitig die Kulthandlungen vollziehen konnte, übernahmen Priester als seine Stellvertreter diese Aufgabe. Die tägliche Zeremonie begann mit einer Prozession zum Tempel, gefolgt von einem Reinigungsritual und dem Ankleiden des Königs im „Haus des Morgens". Ein Räuchergefäß wurde mit Holzkohle und Weihrauch gefüllt und dem König überreicht, der sich damit zum Schrein begab, in dem sich die Kultstatue der verehrten Gottheit befand. Die Siegel des Schreins wurden aufgebrochen und die Türen geöffnet. Der König bot dem Gott Weihrauchgaben dar und zeigte ihm die Figur der Göttin Maat als Verkörperung der Ordnung in seinem Reich. Die Statue des Gottes wurde anschließend entkleidet, gereinigt und mit frischer Kleidung ausgestattet.

Vor dem Schrein wurde ein rituelles Festmahl auf einem Opfertisch vorbereitet. Die einzelnen Gänge wurden geweiht und dem Gott zusammen mit weiteren Weihrauchgaben dargeboten. Danach wurden die Türen des Schreins wieder verschlossen und versiegelt. Anschließend wurden die Räume gereinigt und alle Fußspuren hinter dem König beseitigt. Die Öffentlichkeit war von diesen Zeremonien ausgeschlossen, die nur dem König und den obersten Priestern vorbehalten waren und sich, wie viele Aspekte der Staatsreligion, fern vom einfachen Volk abspielten.

Lediglich einmal im Jahr fand ein großes Fest statt, bei dem die Gottheiten aus den Tempeln geholt wurden und die Öffentlichkeit an den Kulthandlungen teilhaben durfte. Ein solcher Anlaß war z.B. die Reise des Amun von seinem Tempel in Karnak zum Schrein seiner Gefährtin Mut in Luxor, die im zweiten Monat der Überschwemmungen stattfand. Ein weiteres großes Fest war die lange Bootsfahrt der Göttin Hathor auf dem Nil von Dendera zum Horus-Tempel nach Edfu, um dort ihre göttliche Vermählung mit Horus zu zelebrieren. Außerdem wurden Pilgerfahrten und Festlichkeiten zu Ehren des Osiris vor seinem Schrein in Abydos sowie ein Fest zur Erscheinung des Min während der Erntezeit und für den Gott Sobek gegen Ende der Überschwemmungszeit veranstaltet. Solche Festlichkeiten wurden von der Bevölkerung stets als Freudentage gefeiert, an denen die Arbeit ruhte.

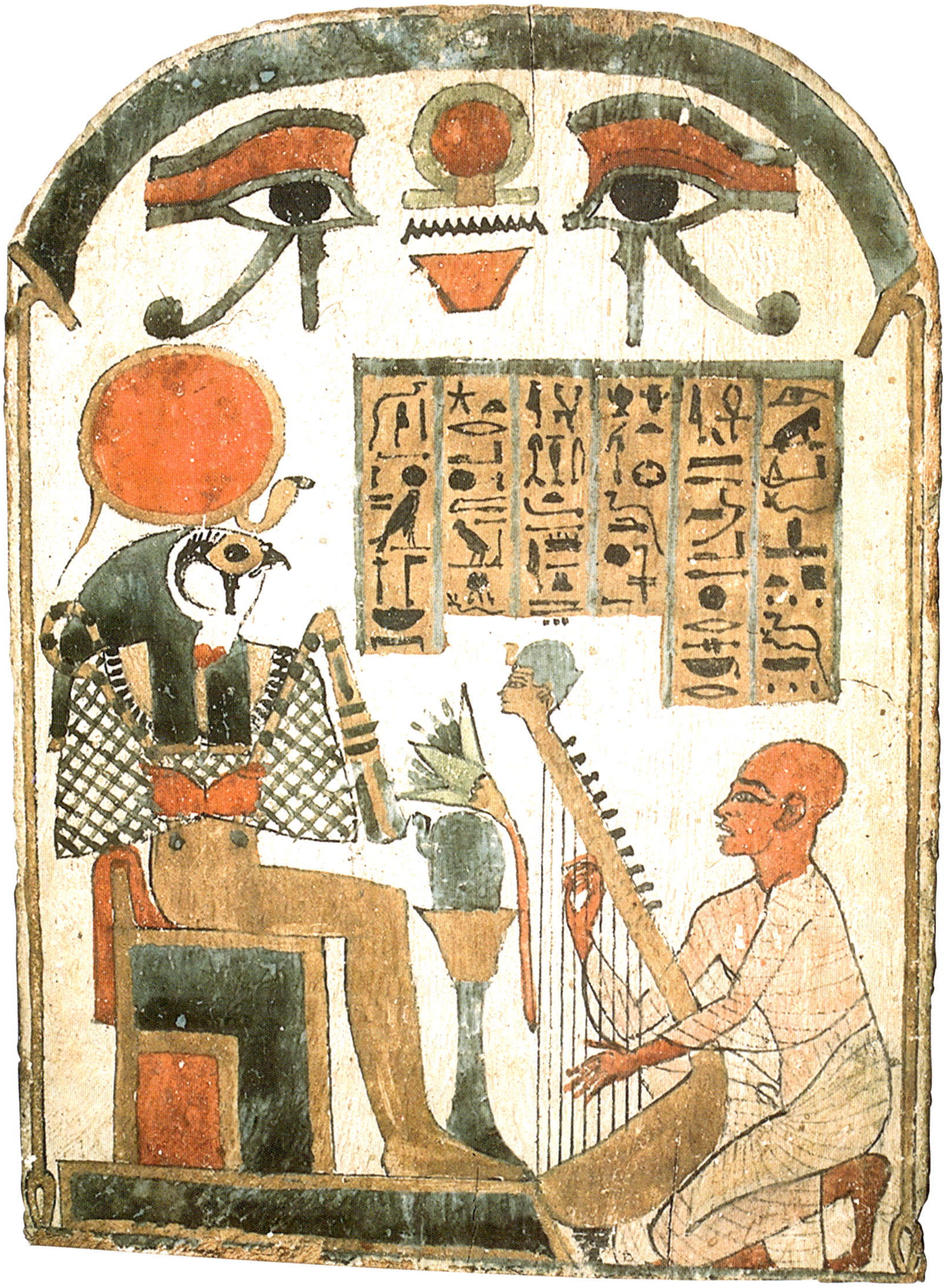

LINKS
Ein musizierender Priester des Amun kniet vor Horus. Abbildung auf einer Stele, um 900 v. Chr. (Louvre)

GEGENÜBERLIEGENDE SEITE
Bronzene Votivstatue eines Königs, der einem Gott eine Figur der Maat darbietet, die das Symbol der Feder der Wahrheit auf dem Haupt trägt. (Louvre)

Im Mittelpunkt des Sed-Fests stand nicht so sehr ein bestimmter Gott, sondern vielmehr der Stellenwert des Königtums. Dieses Fest, das zum ersten Mal in der 1. Dynastie unter König Den erwähnt wurde, stellte eine Art Regierungsjubiläum nach 30 Jahren Herrschaft eines Königs dar, das manchmal weit vor Ablauf dieses Zeitraums begangen wurde. Zu diesem Anlaß fand eine doppelte Krönungsfeier statt, um den Herrscher als König von Ober- und Unterägypten zu bestätigen. Die Zeremonie umfaßte außerdem die Austragung eines Königslaufs, bei dem der König eine durch Grenzsteine abgesteckte Strecke zurücklegen mußte. Die Markierungen sollten vermutlich die Grenzen des Königreichs symbolisieren. Mit diesem Lauf stellte der König außerdem seine guten körperlichen Kräfte unter Beweis. Zum Abschluß des Fests schoß der König jeweils einen Pfeil in die vier Himmelsrichtungen und zielte damit symbolisch auf die Feinde des Königreiches.

Der Tempel galt als Wohnsitz der Götter, in dem der König Zwiesprache mit den Göttern halten konnte und als Mittler zwischen ihnen und dem Volk auftrat. Die inneren Räume des Tempels waren mit Malereien verziert, die den König bei den Kulthandlungen und dem Opferdienst zu Ehren der Gottheit zeigten. Diese Abbildungen sollten den Platz des Königs in seiner

Der erste Vorhof des großen Amun-Tempels in Karnak mit den Osiris-Statuen

Der Sänger des Amun, Meresimen, in Gebetshaltung vor Osiris und den vier Horussöhnen, die als Hüter der Kanopengefäße galten, in denen die inneren Organe der Mumie aufbewahrt wurden.

Abwesenheit einnehmen und an seiner Stelle die von den Göttern geforderten Rituale ausführen. Wandmalereien an den Tempelmauern, auf denen die Segnung des Königs durch die Götter abgebildet war, steigerten das Ansehen des Königs. Im „Geburtshaus", das direkt an den Tempel angegliedert war, wurde der König symbolisch als Kind göttlichen Ursprungs dargestellt.

Der König hatte in jedem Tempel die Stellung des Ersten Propheten oder Oberpriesters inne, wurde aber durch einen mit diesem Amt betrauten Hohenpriester vertreten. Diese Funktion wurde oft vom Nomarch oder örtlichen Gaufürsten einer der 40 Provinzen Ägyptens oder von einem höheren Beamten übernommen. Ein weiterer Hoherpriester verwaltete die Finanzen des Tempels. Die anderen Priester übernahmen innerhalb des Tempels die unterschiedlichsten Pflichten, wie z.B. das Studium der Astronomie, die Unterrichtung in der Schreibkunst und in der Anfertigung religiöser Abschriften sowie das Singen und Musizieren während der Tempelzeremonien.

Die einfachen Priester waren in vier Gruppen unterteilt, die jeweils einen Monat im Tempel dienten und

Athu, ein Priester des Amun, und seine Gemahlin, die ebenfalls als Priesterin diente. 18. Dynastie, um 1430 v. Chr. (Britisches Museum)

dann wieder für drei Monate in ihr weltliches Leben zurückkehrten. Während dieses Monats wurde die meist sehr gut vergütete Stellung des Priesters aus den Tempeleinnahmen bezahlt. Da man glaubte, daß die Götter nur einen kleinen Teil ihrer reichlichen Opfergaben benötigten, stand der Rest der Speiseopfer den Priestern zur Verfügung. Die Aufgaben der Priesterklasse bestanden in erster Linie in der Verwaltung und Organisation des Tempelwesens, und es ist sehr unwahrscheinlich, daß die Gottesdiener in irgendeiner Art seelsorgerische Tätigkeiten übernahmen.

Zahlreiche Tempel und ihre Priesterschaften genossen das Privileg der Steuerfreiheit. Außerdem wurden die Priester nicht in das Heer des Königs eingezogen und konnten große Reichtümer und eine Machtfülle erlangen, die bisweilen sogar die Autorität des Königs in Frage stellte. Die Ereignisse unter der Herrschaft des Echnaton, der die Macht der Amunpriester in Theben beschnitt und dem bislang weniger bedeutenden Aton-Kult huldigte, über den er ausschließliche Kontrolle hatte, veranschaulichen deutlich die zeitweilige Rivalität zwischen den Priesterschaften und dem König. Nach

GEGENÜBERLIEGENDE SEITE
Sandsteinskulptur des Hohenpriesters Anch Rechu aus der 12. Dynastie, um 1900 v. Chr. (Britisches Museum)

LINKS
Dieser in einem frühen ägyptischen Wüstengrab gefundene Körper wurde durch die Trockenheit auf natürliche Art und Weise mumifiziert, um 3000 v. Chr. (Britisches Museum)

dem Tode des Echnaton konnten die Amunpriester ihre verlorene Macht wiedergewinnen und das ehemalige Ansehen ihres Kults wiederherstellen. Die Tempel entwickelten sich zu großen Verwaltungszentren. Die Priester erwarben ansehnlichen Grundbesitz und beschäftigten Laien, die mit der Bewirtschaftung der Tempelanlagen betraut wurden.

Aufzeichnungen belegen, daß Ramses III. etwa ein Zehntel des kultivierbaren Bodens in Ägypten den Priesterschaften stiftete. Außerdem erhielten die Tempel Einkünfte aus privaten Schenkungen und den Zehntabgaben. Mit dem Kauf von Grund und Boden erlangten die Tempelverwalter auch die Herrschaft über die Menschen, die auf diesem Land lebten. Obwohl sich der Kult der Reichsreligion oft weit entfernt vom Volk abspielte, besaßen die religiösen Institutionen dennoch einen direkten Einfluß auf das Alltagsleben vieler Untertanen.

Die alten Ägypter lebten in dem festen Glauben, daß in irgendeiner Form ein Leben nach dem Tod existierte. Ein Dasein im Jenseits ähnlich dem Leben im Diesseits erforderte die Erhaltung des Körpers und der Seele des Verstorbenen und die Erfüllung aller Bedürfnisse von Körper und Geist. Um Anspruch auf ein ewiges Leben nach dem Tod zu haben, mußte der Betreffende den Göttern seine Gottesfurcht bezeugen und ein rechtschaffenes Leben im Diesseits geführt haben.

Die Erhaltung der körperlichen Hülle wurde durch die Mumifizierung des Leichnams erreicht. Anschließend legte man die Mumie in einen Sarg und versenkte sie in ein Grab, das den Körper vor der Verwesung bewahren sollte. Bei zahlreichen Gräbern aus vorgeschichtlicher Zeit bewirkten das trockene Klima und der

UNTEN
Zwei der vier Kanopen, in denen die inneren Organe der Mumien aufbewahrt wurden. Das Gefäß mit dem pavianköpfigen Deckel enthielt die Lunge und verkörperte den Gott Hapi. Der Krug mit dem Menschenkopf war für die Leber bestimmt und stellte den Gott Imset dar. (Britisches Museum)

OBEN
Darstellungen aus dem Mumiensarg des Pensenhor aus Theben, um 900 v. Chr.; Horus (rechts) führt Pensenhor zu Osiris, der auf der linken Seite sitzt. Vor Osiris stehen die vier Horussöhne. (Britisches Museum)

RECHTS
Mumifizierte ägyptische Katze, um 1000 v. Chr. (Britisches Museum)

Kontakt mit dem sterilen Sandboden die natürliche Austrocknung des Körpers. Später wurden die Toten in kunstvolleren Gräbern beigesetzt, in denen der natürliche Prozeß der Konservierung nicht mehr eintrat und die Körper verwesten. Um den Leichnam in solchen Grabstätten vor der Verwesung zu bewahren, wurde das Verfahren der Mumifizierung entwickelt, das nach und nach vervollkommnet wurde.

Zur Zeit des Neuen Reiches war dieses Verfahren bereits recht ausgereift. Das Gehirn und die Eingeweide wurden aus dem Körper entfernt, da diese Organe den Verfall beschleunigten. Sie wurden zusammen mit dem Leichnam in Natronlauge gelegt, was die vollkommene Austrocknung des Körpers bewirkte. Natronlauge ist eine Form von Natriumkarbonat und Calciumhydroxyd, die an etlichen Orten Ägyptens gefunden wurden. Da das Herz als Verkörperung des Geistes galt, wurde es meist im Körper gelassen, der anschließend mit Ölen, Harzen und Gewürzen behandelt wurde. Da durch den Prozeß der Austrocknung das Fleisch geschrumpft war und der Körper fast nur noch aus Haut und Knochen bestand, wurde der Leichnam ausgestopft, um ihm wieder seine ursprüngliche Form zu verleihen. Der Körper wurde dann mit Schutzamuletten behängt und mit Leinentüchern fest umwickelt. Die Mumifizierung entwickelte sich zu einem ausgefeilten Verfahren, das während der 21. Dynastie seine größte Perfektion erreichte und danach allmählich in seiner Kunstfertigkeit nachließ.

Die inneren Organe wurden nach ihrer Entnahme ebenfalls sorgfältig konserviert, da kein Teil des Körpers fehlen durfte, wenn man im Jenseits als vollständiger Mensch leben wollte. Sie wurden daher in vier Kanopen aufbewahrt und zusammen mit der Mumie beigesetzt. Die für diese Gefäße verwendete Bezeichnung Kanope hatte seinen Ursprung in der Person des Kanopus. Die bauchige Form und die Deckel in Gestalt von Tierköpfen erinnerten die Gelehrten der Frühzeit an die Geschichte des Kanopus, dem Lotsen des Menelaus, der in Ägypten begraben worden war und dort in Form eines bauchigen Krugs mit einem menschenköpfigen Deckel verehrt wurde.

RECHTS
Ein Seelenvogel als Verkörperung des Ba. Fayence-Figur, um 600 v. Chr. (Britisches Museum)

Der Inhalt der vier Kanopen wurde von den vier Horussöhnen bewacht, die jeweils einem Organ zugeordnet waren. Der schakalköpfige Duamutef beschützte den Magen, der affenköpfige Hapi wachte über die Lungen, der menschenköpfige Imset war für die Leber verantwortlich, und der falkenköpfige Kebechsenef bewachte die Eingeweide. Die Göttinnen Isis, Neith, Nephtys und Selket wachten neben den Gottheiten der Kanopen als zusätzliche Schutzgöttinnen über den Sarg. Unter den Ptolemäern und Römern blieben die Mumien weniger gut erhalten, da die Organe nicht aus dem Körper entfernt wurden und statt dessen zum Schein leere Kanopen aufgestellt wurden.

Erstaunlicherweise gewann der Brauch der Tiermumifizierung auch unter der Herrschaft der Ptolemäer und Römer an Beliebtheit. In der Nähe etlicher Kultstätten wurden große Friedhöfe gefunden, die speziell für die von diesem Kult verehrte Tierart eingerichtet worden waren. So wurden z.B. in Hermopolis, dem Kultort des ibisköpfigen Gottes Thot, Ibisse beigesetzt.

In Bubastis wurden Katzen mumifiziert und begraben, da in dieser Stadt die Katzengöttin Bastet verehrt wurde. Der genaue Grund für die Tiermumifizierungen ist nicht bekannt. Untersuchungen der Katzenmumien haben ergeben, daß die meisten Katzen nicht auf natürliche Weise, sondern durch Genickbruch gestorben sind und daß es sich entweder um junge Kätzchen oder zweijährige Katzen gehandelt hatte. Vermutlich wurden sie ins Jenseits geschickt, um dort der Göttin Bastet zu dienen.

Die alten Ägypter vertraten den Glauben, daß sich der Mensch aus fünf Bestandteilen zusammensetzte: der körperlichen Hülle, dem Ka, dem Ba, dem Namen und dem Schatten. Nach dem Tode lebte der Ka weiter und benötigte daher ebenso wie im Diesseits Speise und Trank, die von den Hinterbliebenen des Verstorbenen auf einem Opfertisch an der Grabstätte dargeboten wurden. Es bestand außerdem die Möglichkeit, eine Spende an den Tempel zu leisten, damit die Priester diese Pflichten übernahmen. Stellvertretend für diese Dienste oder für den Fall, daß die Darbietung der Opfergaben einmal nicht erfolgte, sollten magische Kräfte von Nutzen sein, die durch Abbildungen von Opferritualen auf Grabwänden, Särgen oder Papyri, die der Tote als Grabbeigabe erhielt, ausgelöst wurden. Man glaubte, daß eine positive Kraft das Eintreten der abgebildeten Handlungen bewirken würde.

Der Ba war die Vorstellung der nicht greifbaren Bestandteile des Menschen und wurde manchmal als seine Seele betrachtet, obwohl dies nicht die genaue Entsprechung ist. Im Totenbuch und in anderen Schriften wird der Ba meist als Vogel mit menschlichem Kopf dargestellt und als Ba-Vogel oder Seelenvogel bezeichnet. Der Ba konnte am Tage das Grab verlassen, mußte am Abend allerdings wieder zur Mumie zurückkehren, denn nur der Körper in seiner Ganzheit konnte im Jenseits überleben. Auf seiner Reise in die Unterwelt vereinte sich der Ba mit dem Ka des Verstorbenen, die zusammen das Ach bildeten, die körperliche Hülle des Verstorbenen im Jenseits. Die Gräber besaßen Scheintüren, die dem

Ka und Ba ermöglichten, das Grab zu verlassen und in die Welt der Lebenden und wieder zurück zu reisen. Die Särge waren mit Augen bemalt, durch die der Verstorbene hinausblicken konnte. All diese Punkte verdeutlichen die bizarre Mischung aus Abstraktem und Konkretem, aus realen und mystischen Elementen, die die Denkweise der alten Ägypter prägte.

Ein sehr früh entstandener Jenseitsglaube besagte, daß der Verstorbene in den Himmel aufstieg und unter den Gestirnen weiterlebte. Eine spätere Vorstellung, die eng mit dem Osiris-Kult zusammenhing, ging davon aus, daß der Tote in einem Teil der Unterwelt, den sogenannten Binsengefilden, ein ähnliches Leben wie im Diesseits führen würde. Dem Mythos nach wurde Osiris ermordet und wieder zum Leben erweckt, um als Herrscher der Unterwelt über die Toten zu wachen. Die Texte und magischen Sprüche, die dem Toten mit ins Grab gelegt wurden, sollten seine Auferstehung im Jenseits bewirken und dem Verstorbenen auf seiner gefahrvollen Reise durch die Unterwelt den Weg weisen und ihn schützen.

Vor der eigentlichen Beisetzung der Mumie wurde diese neben dem Grab aufgebahrt, um die feierliche Zeremonie der Mundöffnung durchzuführen, mit der die Verstorbenen symbolisch zum Leben erweckt wurden. Zu diesem Zweck wurden Rituale vorgenommen, die dem Toten seine Sehkraft, seine Sprache und andere Sinneswahrnehmungen zurückgeben sollten. Diese Zeremonie wurde vom Sohn oder Erbberechtigten des Verstorbenen und im Falle des Königs von seinem Nachfolger ausgeführt. Der Verstorbene mußte vor dem Totengericht eine Prüfung bestehen, bei der das Herz des Toten gegen die Feder der Wahrheit, Symbol der Maat oder Sinnbild für Ordnung und Gerechtigkeit, aufgewogen wurde. Für dieses Ritual wurde das Herz gewählt, da dieses Organ im alten Ägypten als Verkörperung des Verstandes galt, dessen Befehle es über die Blutbahnen an alle Körperteile weiterleitete. Diese Vorstellung wird im Kapitel zum Totenbuch näher erläutert.

Es gibt eine Anzahl altägyptischer Schriften, die unter der Bezeichnung „Weisheitsliteratur“ zusammen-

Hölzernes Uschebti-Kästchen der Anhai, das die Priesterin mit ihrem Seelenvogel (Ba) zeigt, während die Göttin der Sykomore ihnen aus dem Baum Erfrischungen spendet. Die meist als Hathor abgebildete Göttin erscheint hier als Nut. (Britisches Museum)

Angehörige eines Verstorbenen bringen ihm Speisen und Weihrauchopfer dar. Reliefmalerei aus einem Kalksteingrab. (Nationales Archäologisches Museum, Florenz)

gefaßt werden. Einige dieser Texte verfolgten ein erzieherisches Ziel, da sie Verhaltensregeln für das Alltagsleben aufstellten, wie sie ein Vater seinem Sohn oder ein König seinem Thronerben mit auf den Weg geben würde. Andere Schriften sind eher philosophischer Natur und werden oft als „pessimistische" Literatur bezeichnet, da sich diese Werke mit den Mißständen dieser Zeit, insbesondere mit dem herrschenden Chaos, beschäftigten.

Die frühesten noch erhaltenen Lehren stammen aus der 4. und 5. Dynastie. Die „Lehren des Ptahotep" bestehen aus Ratschlägen, die ein hoher Verwaltungsbeamter seinem Sohn erteilte, um diesen als zukünftigen Nachfolger auf das Amt des Vaters vorzubereiten. Der Text enthält unter anderem folgende Maximen:

„Berate dich mit dem Nichtwissenden ebenso wie mit dem Wissenden."

„Wenn du dich selbst im Dienste eines vorbildlichen Menschen erniedrigst, wird dein Verhalten vor Gott Billigung finden."

„Wenn du von geringer Bedeutung bist, erreichst du wahre Größe; wenn du arm bist, erlangst du wirklichen Reichtum; wenn du Stadtvorsteher bist, sei nicht hartherzig aufgrund deines Ranges, da du lediglich der Hüter der Dinge bist, die Gott erschaffen hat."

„Was Gott liebt, ist Gehorsam, was Gott verabscheut, ist Ungehorsam."

Die Schrift „Die Lehre des Amenope" wurde etwas später verfaßt und erinnert an die biblischen Sprüche des Salomo. Falls es eine Verbindung zwischen diesem Text und den Sprüchen des Salomo gibt, ist nicht sicher, welches der beiden Werke zuerst geschrieben wurde und dem zweiten als Vorlage diente.

Mit dem Beginn des Mittleren Reiches entstanden vermehrt philosophische Texte, die eine ganze Bandbreite von Weltanschauungen abdeckten, von der zutiefst pessimistischen Grundeinstellung bis hin zum reinen Hedonismus. Das Lied vom Harfenspieler veranschaulicht die hedonistische Lebensauffassung:

„Folge deinem Wunsche, solange du lebst. Lege Myrrhen auf dein Haupt, kleide dich in feines Leinen ..."

Ein weiterer Spruch lautet ähnlich:

„Werde nicht müde beim Essen und Trinken, beim Rausch und bei der Liebe. Verlebe einen schönen Tag und erfülle deine Wünsche bei Tag und bei Nacht."

All diese Texte vermitteln uns einen Einblick in persönliche, religiöse und ethische Betrachtungsweisen der alten Ägypter, die sich erheblich von den Lehren der damaligen Staatsreligion unterschieden. Anhand dieser Schriften können wir erkennen, wie viele Aspekte des altägyptischen Glaubens uns auf den ersten Blick verborgen bleiben.

DIE SCHÖPFUNGSMYTHEN

In den Schöpfungsmythen wird die Frage nach der Entstehung des Kosmos aufgeworfen und der Versuch unternommen, mittels einer Reihe anschaulicher Bilder, die Frage zu klären, wie im Zustand des Nicht-Seins eine Urkraft existieren kann und wie diese Kraft die Schöpfung in Gang setzen und ihre Trennung vom Nichts bewirken kann. Die für die Erklärung dieses Phänomens verwendeten Symbole und Vorstellungen werden von der Topographie und den Gegebenheiten in den verschiedenen Regionen bestimmt, in denen die Mythen entstehen. Die in den ägyptischen Schöpfungsmythen vorherrschenden Sinnbilder sind daher naheliegend: Wasser, ein Hügel, der aus den Fluten ragt, und die Sonne, die abends am Horizont versinkt und sich am nächsten Morgen wieder erhebt, um ihre Reise am Himmel erneut anzutreten.

Leider können wir das genaue Entstehungsdatum dieser Mythen nicht ermitteln, ebensowenig wie die ursprüngliche Version, in der sie mündlich von Generation zu Generation überliefert wurden. Die ersten Zeugnisse finden wir in den Pyramidentexten aus dem Ende des Alten Reiches und in den Sargtexten aus dem Mittleren Reich, die vermutlich, wenn auch in einer anderen Form, aus einer wesentlich früheren Epoche datieren. Vorstellungen vom Schöpfungsvorgang haben wahrscheinlich bereits zu Beginn der Pharaonenzeit Rituale und bildhafte Ausdrucksformen in einer Weise beeinflußt, die uns verborgen bleibt.

Unser Wissen über die Schöpfungsmythen basiert auf mythologischen Texten, deren Struktur bereits von den Priesterschaften der drei Hauptkultstätten, die jeweils einer Gottheit geweiht waren, beeinflußt wurde. Es ist durchaus vorstellbar, daß politische Überlegungen bei der Formulierung der Schöpfungsmythen ebenfalls eine Rolle spielten, da die drei Zentren in der Geschichte des alten Ägypten immer wieder an Bedeutung gewannen oder verloren und die Priester stets versuchten, eine Verbindung zwischen der Hauptgottheit ihrer Kultstätte und den im Mythos vorkommenden Ereignissen herzustellen. An dieser Stelle muß erwähnt werden, daß es in den Augen der alten Ägypter durchaus vertretbar war, neue oder widersprüchliche Erklärungen anzuführen oder Bilder im Laufe der Zeit zu verändern oder weiterzuentwickeln. In den Augen des modernen Betrachters erscheint diese Denkweise sehr fremd. Obwohl die drei Kosmogonien sehr unterschiedliche Erklärungen für den einzigartigen Schöpfungsvorgang bieten, können wir feststellen, daß einige Bilder und Symbole in allen Schöpfungsmythen wiederkehren.

Die Kosmogonie von Heliopolis

Mit dem Namen Heliopolis, die Sonnenstadt, bezeichnete Herodot die ägyptische Stadt, in der sich das Heiligtum von Junu befand, ein alter, bedeutender Tempel des Sonnengottes Re. In dieser Stadt entstand um 3000 v. Chr. eine der Schöpfungslehren Ägyptens, auch Kosmogonien genannt, die zu den wichtigsten zählte und später die größte Verbreitung fand.

Dem Mythos nach war am Anfang nichts als eine unendliche, regungslose Wasserfläche, die als Nun bezeichnet wurde. Nach der Erschaffung der Welt existierte dieses Urwasser jenseits des Universums weiter und drohte, eines Tages zurückzukehren, um die Welt zu vernichten und den Zyklus der Schöpfung erneut in Gang zu setzen.

Der Gott Atum, der die „Ganzheit“ verkörperte und sich selbst hervorgebracht hatte, entstieg mit Hilfe magischer Kräfte dem unendlichen Urgewässer Nun und schuf den Urhügel, auf dem er sich niederließ. Dieses Urhügelmotiv, das in allen Kosmogonien eine elementare Rolle spielte, war für die Ägypter naheliegend, da jedes Jahr nach dem Zurückweichen der alles verschlingenden Nilfluten fruchtbare Hügel oder kleine Inseln aus dem Wasser auftauchten.

Die Priester von Heliopolis beanspruchten dieses erste Land und verehrten den heiligen Benben-Stein als Relikt dieses Schöpfungsvorgangs. Er symbolisierte den Urhügel, auf den die ersten Strahlen der Morgendämmerung gefallen waren und auf dem ein Tempel zu Ehren des Sonnengottes errichtet worden war.

Da der Schöpfergott Atum als „Ganzheit“ alles in sich vereinte, war er in der Lage, andere Gottheiten aus sich selbst zu schaffen. Die Mythen bieten zwei Erklärungen für diesen Schöpfungsakt. In der ersten Version heißt es, Atum habe mit Hilfe seiner Hand aus seinem Samen zwei Kinder gezeugt, wobei die Hand in manchen Interpretationen als Hinweis auf das weibliche Element in Atum gedeutet wird. Die andere Erklärung besagt, daß Atum den Luftgott Schu durch Niesen und die Göttin Tefnet durch Ausspucken hervorgebracht habe. Möglicherweise besteht eine Verbindung in Form eines Wortspiels zwischen dem Namen Schu und dem ägyptischen Wort für niesen.

Der Name des Luftgottes Schu wird von einem Wortstamm mit der Bedeutung „leer“ abgeleitet. Seine Schwester Tefnet, deren Name „Feuchtigkeit“ bedeutet, wird mit dem Wort „spucken" in Verbindung gebracht. Entsprechend der dualistischen Denkweise der alten Ägypter verkörperte Schu die trockene, sonnendurchflutete Luft, in der Materie gut erhalten blieb. Die Göttin Tefnet hingegen war Sinnbild für die feuchte Luft, die Fäulnis und Zerfall bewirkte.

Die beiden Gottheiten wurden von Nun aufgezogen und vom Auge des Atum beaufsichtigt, das er von seinem Körper trennen konnte. Um das sogenannte Udjat-Auge rankt sich folgende Geschichte aus der Kindheit von Schu und Tefnet. Als Atum eines Tages seine beiden Kinder im endlosen Urgewässer Nun verloren hatte, schickte er sein Auge, um nach ihnen zu suchen. In der Zwischenzeit ersetzte er es durch ein strahlenderes Auge, was dem ersten Auge bei seiner Rückkehr mit den Kindern mißfiel. Deshalb plazierte Atum es an seiner Stirn, wo es über die Welt wachen konnte, sobald Atum sie erschaffen hatte. Später wurde es der Schlangengöttin zugeordnet, die als Uräusschlange von den Pharaonen an ihrer Stirn getragen wurde. Einer anderen Geschichte zufolge war Atum so glücklich über die Rückkehr seiner Kinder, daß er vor Freude weinte und mit diesen Tränen die Menschheit schuf.

Aus der Vereinigung von Schu und Tefnet gingen die Himmelsgöttin Nut und der Erdgott Geb hervor. Bemerkenswerterweise verstehen die alten Ägypter im Gegensatz zu griechischen und indogermanischen Mythologien den Himmel als weibliches und die Erde als männliches Wesen. Die Geschwister Nut und Geb zeugten vier Kinder – die Götter Osiris und Seth mit ihren Gefährtinnen Isis und Nephtys. Aus dem Urgeschöpf Nun war somit eine Götterfamilie mit neun Gottheiten, die sogenannte Enneade oder Neunheit von Heliopolis, hervorgegangen. Die nächste Generation entstand, als Osiris und Isis ihren Sohn Horus zeugten.

Allem Anschein nach gelang es den Priestern von Heliopolis, die Göttergeneration mit Osiris an der Spitze in die Familie des Atum einzubauen. Dies war ein geschickter Versuch, eine Beziehung zwischen dem großen Schöpfergott Atum mit seinen kosmischen Gottheiten einerseits und den Königsgöttern und Göttern der Menschen andererseits herzustellen. So wurde eine neue Verbindung zwischen den Pharaonen

Nun, der Gott der Urgewässer, hält in seiner Hand das Zeichen für ein langes Leben. Er wird meist in Blau oder Grün dargestellt, da diese Farben Wasser und Fruchtbarkeit symbolisieren. Ausschnitt aus dem Papyrus des Ani. (Britisches Museum)

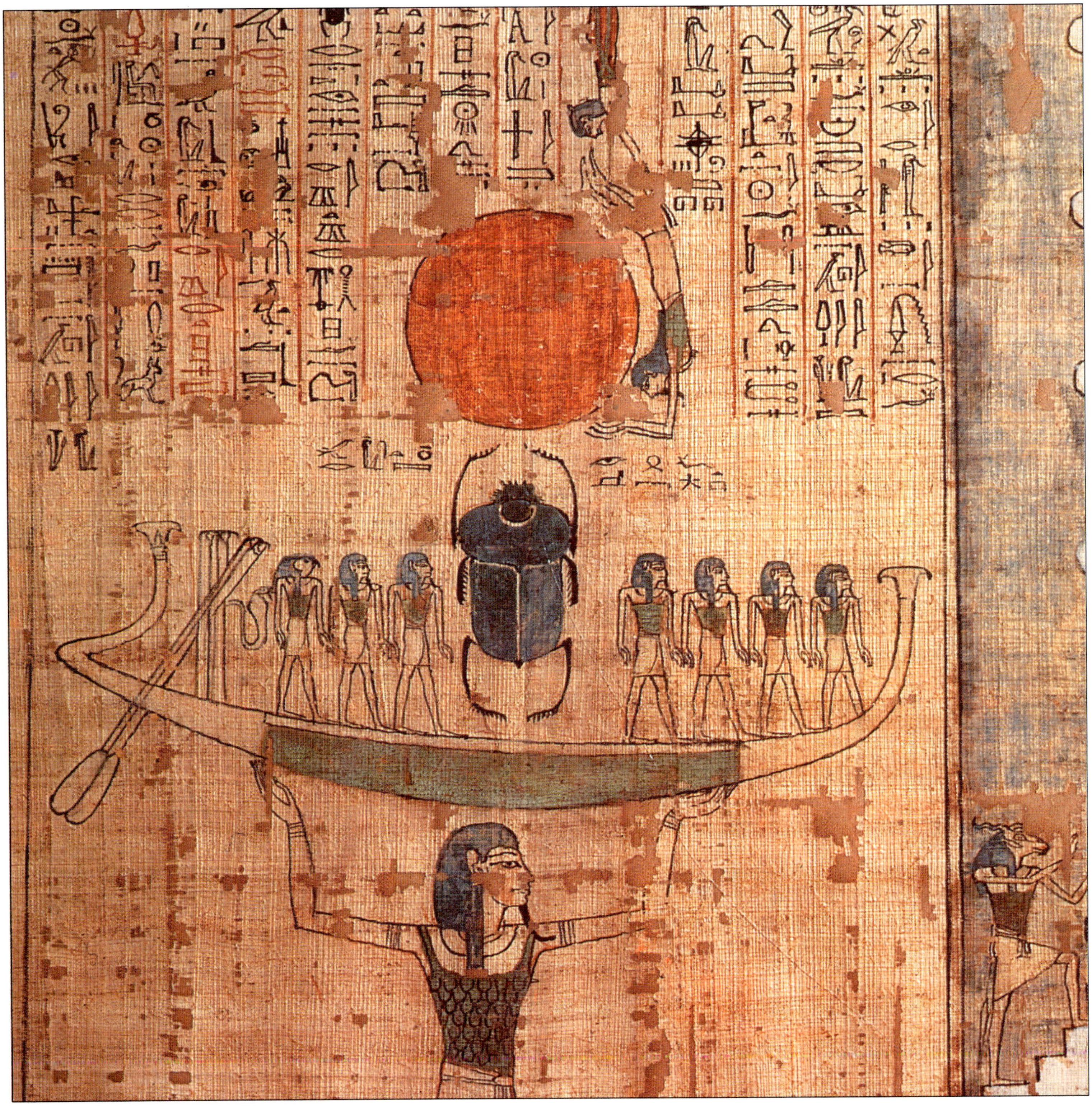

Dieser Ausschnitt aus dem Papyrus der Anhai spiegelt sowohl den Schöpfungsvorgang als auch die tägliche Himmelsreise der Sonne wider. Ein Gott stützt die Sonnenbarke mit dem Käfergott Chepri, Symbol der Schöpfung und der aufgehenden Sonne. Die rote Sonnenscheibe wird von der Himmelsgöttin Nut in Empfang genommen.

und dem Sonnengott geschaffen. Gleichzeitig bestätigte dieses Konzept die fest verankerte Weltanschauung der alten Ägypter, in der die ständige Wiederkehr von Leben und Tod den Kosmos bestimmte. Diese Vorstellungen treten in den Osiris-Mythen deutlich hervor, die wir an anderer Stelle eingehender behandeln werden.

Nachdem Geb und Nut ihre Kinder gezeugt hatten, wurde Nut durch Schu von ihrem Gemahl für immer getrennt. Darstellungen zeigen, wie sich der Himmel in Gestalt der Nut über die durch Geb verkörperte Erde wölbt und dabei vom Luftgott Schu gestützt wird, der so Himmel und Erde auseinanderdrückt, um einen Platz für die Luft zu schaffen.

Indem Nut die Erde mit ihren Händen und Füßen an den Punkten der vier Himmelsrichtungen nach unten drückt, trennt sie die Erde vom Urwasser Nun. Sie erscheint meist in Frauengestalt, verziert mit Sternen, wird aber auch bisweilen als Kuh dargestellt. Die alten Ägypter glaubten, daß der Sonnengott Re jeden Abend von der Göttin Nut verschlungen wurde und in den Nachtstunden den Leib der Himmelsgöttin durchlief, um bei Tagesanbruch von ihr wiedergeboren zu werden, wenn der rote Himmel im Osten das bei der Geburt verlorene Blut widerspiegelte. Eine andere Geschichte erzählt, daß Re auf seiner täglichen Reise mit einer Barke in den Tagesstunden am Leib der Nut entlang fuhr und bei Nacht durch die Unterwelt segelte.

Schon zu Zeiten der Aufzeichnung der Pyramidentexte hatte eine Verschmelzung des Sonnengottes Re mit verschiedenen Aspekten des Atum, der Verkörperung der Totalität, stattgefunden, die zu einer Vielzahl von Erscheinungsformen geführt hatte. Die aufgehende Sonne wurde durch den Skarabäus-Käfer Chepri dargestellt, der die Sonnenscheibe vor sich herschob, ebenso wie ein Mistkäfer seine Dungkugel. Die strahlende Sonne war Sinnbild für den Gott Re, und die ferne, hoch am Himmel stehende Sonne symbolisierte den Falken und wurde Harachte genannt. Die verschiedenen Bezeichnungen konnten mit dem Namen Atum oder dem Sonnengott Re verbunden werden, beispielsweise zu Re-Harachte.

Im Schöpfungsmythos von Heliopolis diente das Symbol der Lotosblüte als Verbildlichung der Geburt des Sonnengottes Atum. Aus dieser Blume entstieg der Sonnengott, Schöpfer seiner selbst, in der Gestalt eines Kindes. Der Sonnengott Atum erschien ebenfalls in Form eines Benu-Vogels (Phönix), dem heiligen Vogel von Heliopolis. Der Benu-Vogel wurde mit dem Benben-Stein in Verbindung gebracht, da beide Namen vermutlich von dem ägyptischen Verb „weben“, zu deutsch „scheinen“ oder „aufgehen“, abstammen. Diese Wortverbindung könnte die von Herodot falsch gedeutete Beziehung zwischen dem ägyptischen Vogel und dem griechischen Phönix erklären.

Die Kosmogonie von Hermopolis

Hermopolis ist der griechische Name für die oberägyptische Stadt El-Aschmunen, die früher Schmun oder „Stadt der Achtheit“ hieß und Kultort des Weisheitsgottes Thot war, dem die alten Ägypter angeblich ihre Hieroglyphen verdankten. Die Griechen setzten Thot mit ihrem Gott Hermes gleich, von dem die Stadt ihren Namen Hermopolis erhielt.

Die in Hermopolis verfaßte Kosmogonie reicht weiter zurück als der Schöpfungsmythos von Heliopolis, da sie auf der Urmaterie in Form einer grenzenlosen, unbelebten Wasserfläche basiert, die vor der Erschaffung der Welt existierte und den chaotischen Zustand des „Nicht-Seins“

Darstellung des verstorbenen Ani in Gestalt einer Schwalbe auf einem Hügel. Dieses Bild bezieht sich vermutlich auf die Entstehung des Urhügels, der nach dem Schöpfungsakt aus dem Urgewässer auftauchte, sowie auf den Benu-Vogel, der sich auf diesem Hügel niederließ. Ausschnitt aus dem Papyrus des Ani. (Britisches Museum)

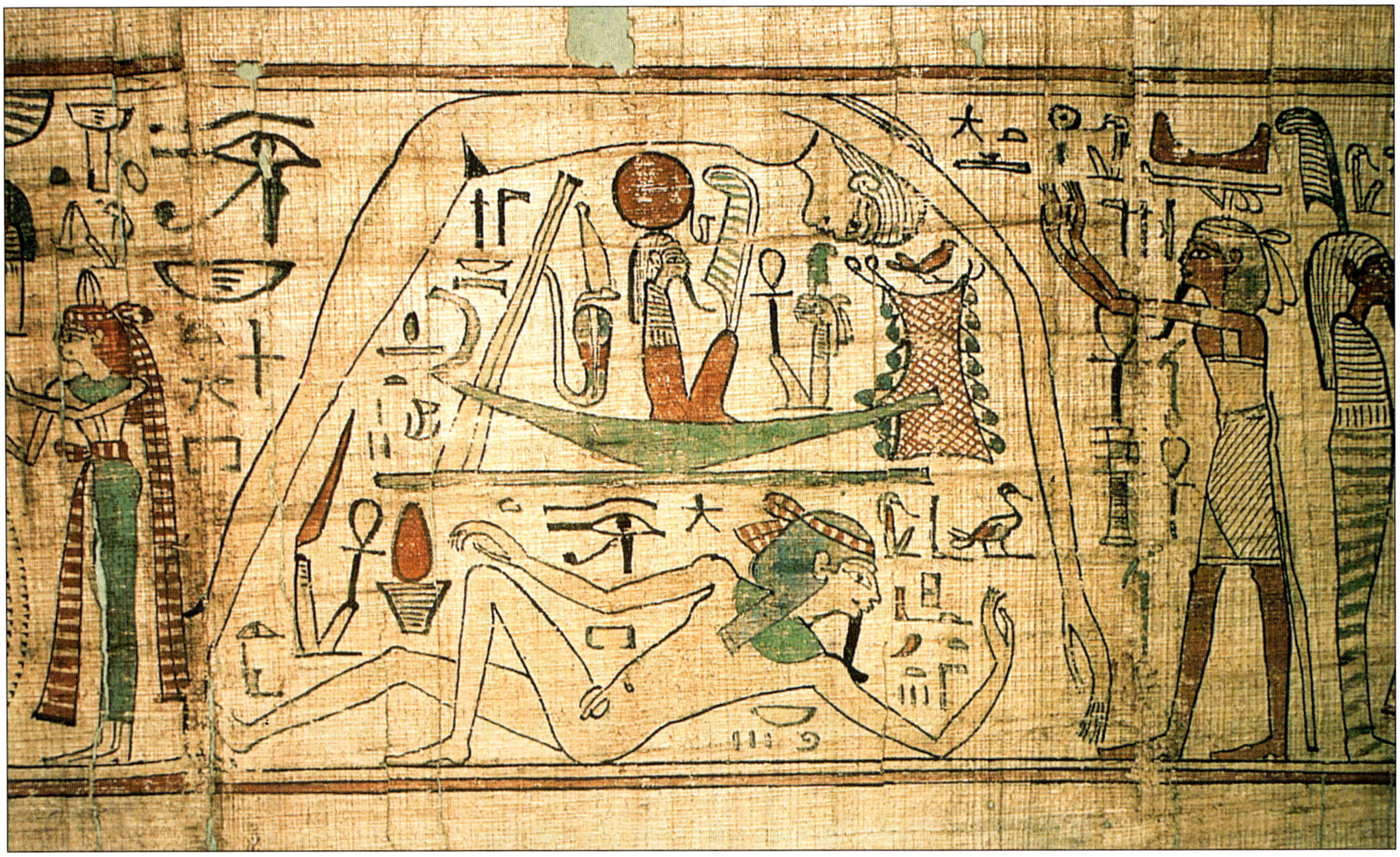

OBEN
Dieser Papyrus zeigt den Leib der Nut, der durch die Sonnenbarke von Geb getrennt ist. Das Bild enthält zahlreiche Symbole, wie z.B. die Feder der Wahrheit, die Nilgans, auch der „Große Schnatterer" genannt, und das Auge des Re. (Louvre)

RECHTS
Der Skarabäus-Käfer als Urgottheit mit dem Sonnenkind und der Sonnenscheibe. Ausschnitt aus dem Papyrus der Königin Mutnedjmet, 21. Dynastie (Britisches Museum)

vor der Schöpfung verkörperte. Der Mythos besagt, daß vier Wesen oder Gottheiten sowie ihre weiblichen Gegenstücke aus diesem Urwasser entstanden oder selbst die Elemente dieser Urmaterie personifizierten. Diese waren Nun und Naunet, das Urgewässer; Hah und Hauhet, deren Namen meist mit Endlosigkeit und Ewigkeit gleichgesetzt wurden, aber tatsächlich die Kraft der Überschwemmungen symbolisierten; Kuk und Kauket als Sinnbild der Finsternis sowie Amun und Amunet, deren Namen eine ganze Reihe von Aspekten abdeckten: wie Unsichtbarkeit, verborgene Kraft, Luft oder Wind.

Diese acht Gottheiten bildeten die Achtheit von Hermopolis. Die vier Götter wurden mit Froschköpfen und die Göttinnen mit Schlangenköpfen dargestellt. Sie wurden also Kreaturen zugeordnet, die alljährlich aus dem Schlamm und Schlick der Nilüberschwemmungen neu entstanden.

Im Schöpfungsmythos von Hermopolis erscheint das Urgewässer Nun als Personifizierung der Urmaterie, während es in der Lehre von Heliopolis lediglich ein Element der Urmaterie, nämlich das Wasser, darstellt. Unter den anderen Gottheiten besaß nur eine, Amun, die verborgene, potentielle Kraft, das kosmische Chaos aufzulösen, das aus den dunklen, bewegungslosen Fluten die Schöpfung hervorbrachte.

In diesem finsteren Gewässer entstand das kosmische Ei, aus dem das Sonnenlicht erstrahlte, als es zerbrach. Einer anderen Version zufolge wurde das Ur-Ei

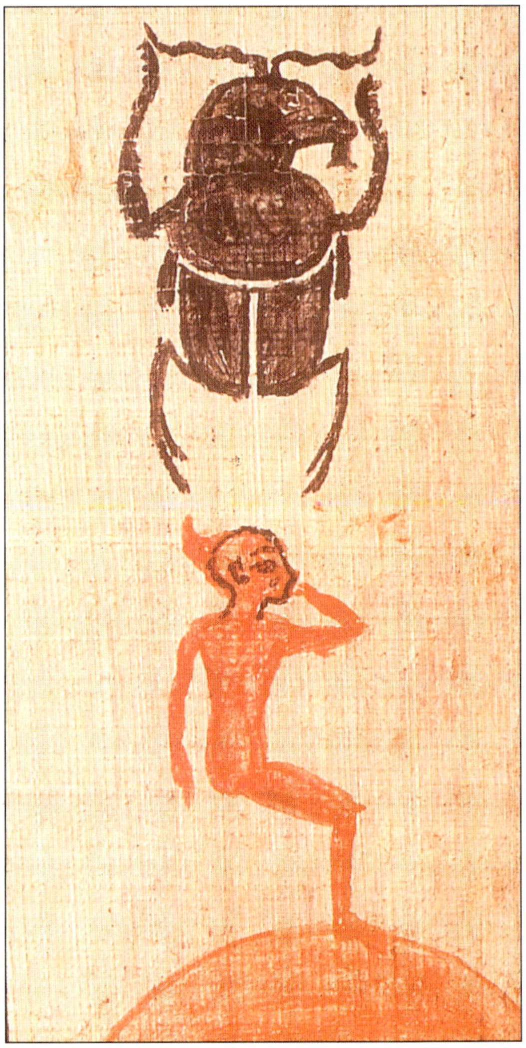

von einer Nilgans gelegt, die den Großen Urgeist in Form des „Großen Schnatterers" verkörperte und deren Geschrei die Urstille als erstes durchdrang. Eine eher unbekannte Geschichte erzählt, daß der Gott Thot in Gestalt eines Ibis mit dem Ei zum Urhügel flog. An dieser Stelle gibt es wiederum zwei Ausführungen, die eine besagt, daß der Sonnengott Re als Lichtvogel aus dem Ei schlüpfte, in der anderen heißt es, daß die Luft, die aus dem Inneren des Eies entwich, den Himmel von der Erde trennte und den Lebenshauch für die entstehende Schöpfung spendete.

Nach der Schöpfungslehre der Priester von Hermopolis schleuderte eine erste explosive Energie den Urhügel empor, der als „Flammeninsel" bezeichnet wurde, da sich dort die Geburt des Sonnengottes vollzog und der Kosmos Zeuge des ersten glühenden Sonnenaufgangs wurde. Erst später wurde der Urhügel mit der Stadt Hermopolis gleichgesetzt.

Drei Götterpaare der Achtheit blieben unbeteiligt in der Urmaterie zurück und waren lediglich für die Nilüberschwemmungen und die Sonnenaufgänge zuständig. Nur Amun, die verborgene, unergründliche Kraft, spielte als Schöpfergott eine bedeutende Rolle und nahm vor allem in Theben einen wichtigen Platz ein, nachdem sich die Stadt zu einer großen Kultstätte entwickelt hatte. Die Priester von Hermopolis arbeiteten den Mythos zu einem ausgefeilten Gedankengebilde aus, in dem das Wesen des Gottes Amun eine grundlegende Wandlung erfuhr. Er entwickelte sich von einem reinen Schöpfungswerkzeug zu einer transzendentalen Kraft, die sich selbst sowie die Elemente der Achtheit, der er selbst angehörte, hervorgebracht hatte. Amun galt als die fundamentale Energie, die letztendlich den Schöpfungsakt der acht Urgötter auslöste.

In der thebanischen Lehre wurde Amun als Sonnengott verehrt und erhielt daher oftmals die Bezeichnung Amun-Re.

Die Kosmogonie von Memphis

Die Stadt Memphis wurde um 3000 v. Chr. im Gebiet des Nildeltas errichtet und entwickelte sich allmählich zu einer politischen und religiösen Metropole, die sich gegen andere bedeutende Städte, wie z.B. die bereits erwähnten Zentren, behaupten mußte. Die Kultgottheit von Memphis war der Gott Ptah, der bereits sehr früh als höchster Bildner oder Meister der Handwerker verehrt worden war. Später verschmolz Ptah mit der Gottheit Tatenen – einer anderen Bezeichnung für den Urhügel – und wurde daher mit Atum gleichgesetzt, da dieser in einigen Versionen des heliopolitanischen Schöpfungsmythos nicht nur als Schöpfer des Urhügels, sondern als seine Personifizierung galt. Die Bedeutung des Gottes Ptah schwand jedoch im Laufe der Jahrhunderte. Die Theorie der Kosmogonie von Memphis wird durch den sogenannten Stein des Schabako belegt, auf dem der Inhalt eines früheren Textes, der heute nicht mehr erhalten ist, festgehalten wurde.

Die Schöpfungslehre von Memphis ist in gewisser Hinsicht für den modernen Betrachter die interessanteste, da sie den Verstand als Ursache aller Schöpfung herausstellt. Sie formuliert die These, daß die Welt durch den Schöpfergott Ptah geschaffen wurde, der eins war mit dem Urgewässer Nun und der mit seinen Schöpferorganen Herz und Zunge die Götterneunheit von Heliopolis hervorbrachte. In den Augen der alten Ägypter verkörperte das Herz den Geist, der die Gedanken formte, und die Zunge diente der Steuerung der Worte und folglich der Befehle, die letztendlich das Handeln bestimmten. Da Namen und Bezeichnungen eine elementare Bedeutung hatten, waren die Ägypter davon überzeugt, die Götter durch den Vorgang der Namengebung zum Leben erweckt zu haben.

Der aus einer Lotosblüte aufsteigende Kopf des kindlichen Tutanchamun stellt ein Symbol für die Erschaffung der Sonne dar. Fund aus dem Grab des Tutanchamun, 18. Dynastie (Ägyptisches Museum, Kairo)

Der ibisköpfige Gott Thot geleitet Pensenhor in die Unterwelt. Ausschnitt aus dem Mumiensarg des Pensenhor, um 900 v. Chr. (Britisches Museum)

Ptah rief alle anderen Gottheiten ins Leben, unter ihnen auch Atum. Der Theorie von Memphis zufolge führte Atum mit seinen Schöpfungshandlungen also lediglich die Anweisungen des Ptah aus, der daher als Ursprung aller Schöpfung angesehen wurde. Nachdem er die Götter erschaffen hatte, wies er ihnen Kultstätten zu, an denen sie verehrt wurden. Er brachte nicht nur die gegenständliche Welt hervor, sondern begründete auch moralische Wertvorstellungen. Außerdem errichtete er in Ägypten ein politisches System, indem er das Land in Bezirke unterteilte. Ptah blieb jedoch in erster Linie der große Bildner und wurde daher mit dem griechischen Gott Hephaistos gleichgesetzt. Zudem galt er als „Herr der Wahrheit". In der Gottheit Ptah verbanden die Priester von Memphis den Urhügel mit der geistigen Kraft der Schöpfung, die durch die Macht des Wortes ihren Ausdruck fand, und schufen so eine Synthese von Geist und Materie.

Chnum als Schöpfer der Menschheit

Die bedeutendsten Kosmogonien befassen sich in erster Linie mit den Hauptgottheiten und der Entstehung des Kosmos. Im Mittelpunkt des Schöpfungsmythos des

Gottes Chnum steht jedoch die Erschaffung der Menschen. Der widderköpfige Chnum, der ebenso wie der Gott Ptah als Töpfer und Handwerker verehrt wurde, besaß die horizontal gedrehten Hörner einer frühen Widderrasse. Diese ungewöhnliche Tiererscheinung diente als Symbol für seine Schöpferkraft. Seine Kultstätte befand sich im Kataraktengebiet des Nils nahe Assuan auf der Insel Elephantine, die ebenfalls Heimat des Überschwemmungsgottes Hapi war. Der in dieser Region reichlich vorhandene Nilschlamm lieferte das Material für die Töpferarbeiten des Chnum. Der fruchtbare Boden bescherte Chnum den Ruf als Garant für Wohlstand. Reliefinschriften veranschaulichen bis ins kleinste anatomische Detail die Entstehung des menschlichen Körpers einschließlich des Skelettaufbaus, der Beschaffenheit der Haut und der inneren Organe. Der Urgott Chnum vereinte in sich animalische Kräfte sowie Schöpfergeist und Fruchtbarkeit, die als Ursprung jeglichen Lebens angesehen wurden.

Mit dieser kurzen Zusammenfassung der wichtigsten Kosmogonien haben wir einen Einblick in die ägyptischen Schöpfungsmythen erhalten. Diese wurden im Laufe der Zeit immer wieder abgeändert oder weiterentwickelt. Man muß zudem berücksichtigen, daß verschiedene regionale Versionen entstanden und einige Götter mit anderen über Jahrhunderte hinweg verschmolzen. Möglicherweise lagen den Schöpfungsmythen auch ältere Legenden zugrunde, die sich um ehemals große Gottheiten rankten, die später jedoch an Bedeutung verloren. Die elementare Rolle des jährlichen Wiederauftauchens der Erde nach dem Ende der Nilüberschwemmungen und das tägliche Auf- und Untergehen der Sonne, die bei ihrer Himmelsreise – gleich dem Flug eines Falken – bisweilen der Erde allzu nah zu kommen schien, tritt in allen Geschichten deutlich zutage. Der tiefere Sinn der Schöpfungsmythen liegt in der Vorstellung, daß die Wasserfluten nur zurückgedrängt, aber nicht gebändigt wurden, und der Kreislauf wieder von vorne beginnen konnte. Somit sahen die alten Ägypter im ersten Schöpfungsakt ein wundervolles Ereignis, das sich immer wieder in regelmäßigen Abständen, wenn auch auf weniger großartige Art und Weise, wiederholte.

LINKS
Der Gott Amun-Re in der Widdergestalt des Amun und mit der Sonnenscheibe des Re. Reliefbild aus dem Amun-Tempel in Karnak

LINKS
Bronzefigur des Gottes Ptah (Musé Borely, Marseilles)

DER OSIRIS-MYTHOS

Osiris und Isis in einem Schrein. Osiris erscheint in Mumiengestalt und hält die königlichen Insignien Krummstab und Geißel sowie das Was-Zepter als Symbol der Macht. Ausschnitt aus dem Papyrus des Ani (Britisches Museum)

Mit wachsender Bedeutung des Gottes Osiris entwickelte sich sein Mythos im Laufe der Zeit immer weiter und brachte unterschiedliche Versionen der Legende hervor. Verschiedene Geschichten wurden zu einem umfassenden Mythos zusammengeflochten, in den unterschiedliche Aspekte der altägyptischen Denkweise einflossen. So entstand eine Vorstellungswelt, in der Begriffe wie Tod und Wiedergeburt, Ordnung und Chaos, Vegetation und Trockenheit, Königtum und rechtmäßiges Erbe einander gegenübergestellt und bewertet wurden.

Die einzelnen Episoden und Geschichten der Osiris-Legende wurden von Gelehrten und Geschichtsschreibern zusammengetragen, die sich auf die zahlreichen verstreuten Quellen aus verschiedenen Epochen stützten, wie z.B. die Pyramidentexte des Mittleren Reiches, Inschriften an Tempeln und auf Grabtafeln, eine große Anzahl an Papyri sowie die Erzählungen des griechischen Autoren Plutarch. Dadurch entstanden bisweilen mehrere Versionen ein und derselben Begebenheit.

Obwohl die ersten archäologischen Zeugnisse aus dem 3. Jahrhundert v. Chr. stammen, gibt es Anzeichen dafür, daß Osiris bereits vor dieser Zeit als Vegetationsgott verehrt wurde, der vor allem für das Aufkeimen der Saat und das Gedeihen der Ernten verantwortlich war. Über den offensichtlichen Zusammenhang zwischen dem Gott Osiris, der nach seinem Tode als Herrscher der Unterwelt die Toten regierte, und dem Vegetationszyklus der alljährlichen Aussaat und darauffolgenden Ernte besteht kein Zweifel. Das Bild des Osiris als Vegetationsgott wird auch dadurch belegt, daß in einigen Gräbern sogenannte „Osiris-Beete" gefunden wurden. Es handelte sich dabei um Figuren in der Gestalt des Osiris, die mit Erde und Saatgut gefüllt wurden und im Grab aufkeimten. Die Entstehung neuen Wachstums aus einer scheinbar „toten" Saat war ein sinnbildlicher Vorgang, der vor allem dazu dienen sollte, den engen Zusammenhang zwischen der Gottheit Osiris und der Möglichkeit einer Auferstehung der Toten im Jenseits zu veranschaulichen.

Mit zunehmender Bedeutung seines Kults trat Osiris an die Stelle einiger Gottheiten und übernahm deren Eigenschaften. So verdrängte er vermutlich im unterägyptischen Busiris den Königsgott Anezti, von dem er möglicherweise die königlichen Herrschaftszeichen Krummstab und Geißel sowie die hochaufragende Doppelfederkrone (Atef-Krone) übernahm, mit denen er gewöhnlich dargestellt wird.

Den Geburtsort des Osiris vermutete man nahe Memphis in der Stadt Rosetau, die als symbolischer Eingang ins Jenseits galt. Im oberägyptischen Abydos nahm Osiris das Wesen des Totengottes Chontamenti in sich auf und erhielt den Beinamen „Herr der Westlichen". Die Ägypter bezeichneten ihre Toten als die „Westlichen", da die Sonne jeden Abend im Westen untergeht und man davon ausging, daß die Menschen am Ende ihres Lebens ebenfalls in diese Richtung entschwanden. Von dieser Zeit an wurde Osiris als Herrscher über die Wüstenfriedhöfe in der Nähe von Abydos samt ihren Toten betrachtet, die auf ein gesegnetes Leben im Jenseits gehofft hatten.

Die vielschichtige Gestalt des Osiris verkörpert Aspekte wie Vegetation, Königtum oder die Herrschaft über die Unterwelt. Wir haben bereits gesehen, welche Verbindung die Schöpfungslehre von Heliopolis zwischen Osiris und dem Sonnengott Atum herstellte, indem Osiris zum Enkel des Atum und ältesten Sohn der Himmelsgöttin Nut und des Erdgottes Geb erklärt wurde. In seiner Funktion als König auf Erden stellte Osiris ein verbindendes Element zwischen den älteren Gottheiten und den Menschen dar.

Die Komplexität seines Wesens zeigt sich in den Bildnissen des Gottes. Er tritt in Menschengestalt auf und trägt die königlichen Herrschaftszeichen, ist aber in mumienähnliche Leinentücher gewickelt, weshalb sein Körper häufig weiß erscheint. Andere Abbildungen zeigen ihn schwarz wie Nilschlamm oder grün wie die wiederauflebende Pflanzenwelt.

Wir haben bereits erwähnt, daß Osiris zwei Schwestern und einen Bruder besaß. Eine Version des Mythos besagt, daß Osiris und Isis sich bereits im Mutterleib ineinander verliebten. Alle Quellen bezeugen einheitlich, daß die beiden sich vermählten und damit das erste Beispiel einer königlichen Geschwisterehe in der Geschichte darstellten.

Gemäß der Thronfolge folgte Osiris seinem Großvater Schu und seinem Vater Geb als König nach. Gemeinsam mit seiner Gattin Isis regierte er weise in einer Art goldenem Zeitalter, das in den meisten Mythen am Beginn einer Geschichte steht. Die Ernten gediehen, das Klima war dank sanfter Winde angenehm, es

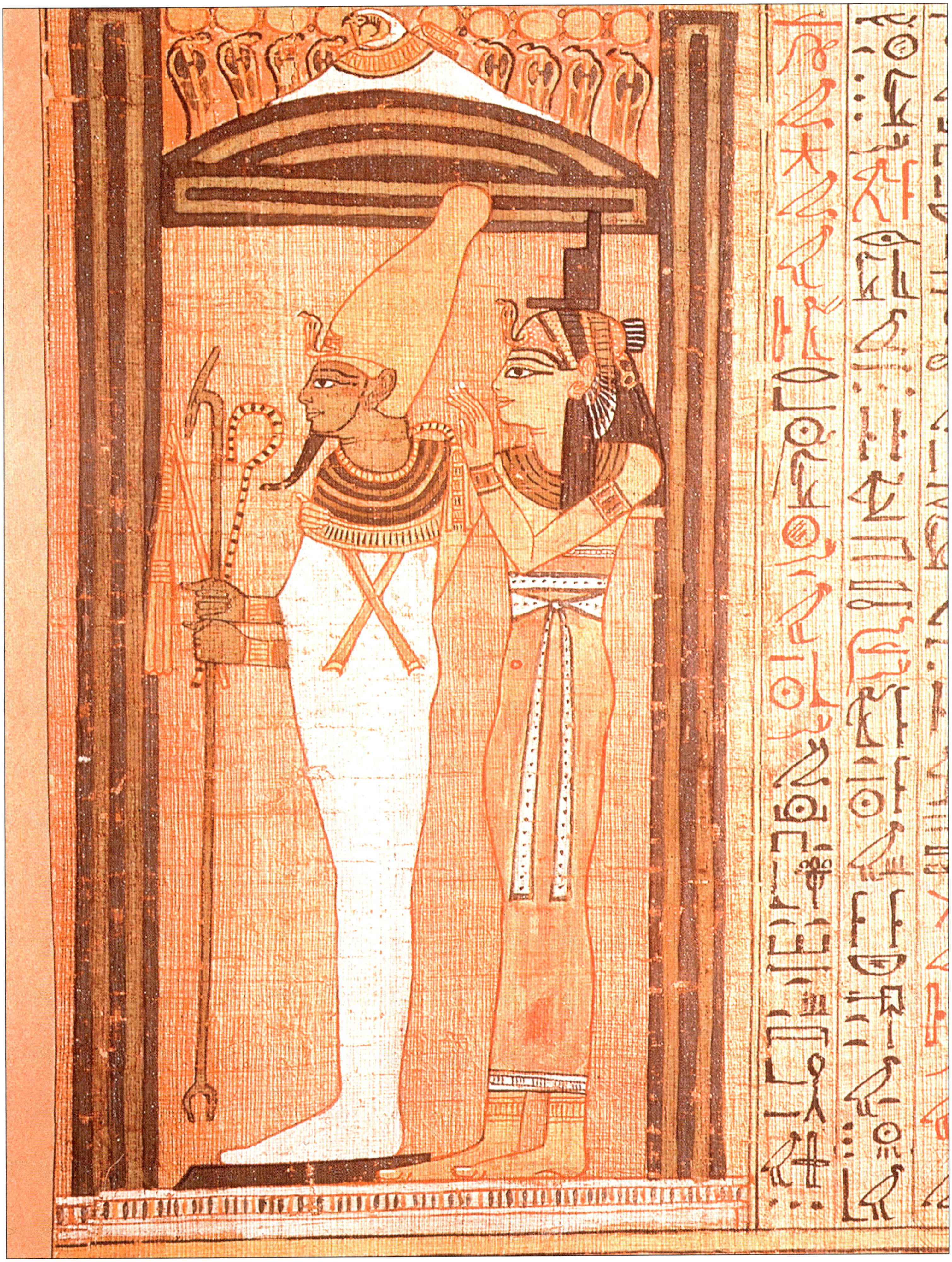

Bronzefigur des Gottes Seth aus Theben, 19. Dynastie, um 1300 v. Chr. (Britisches Museum)

herrschte Ordnung auf Erden und Gerechtigkeit unter den Menschen.

Diese friedliche Zeit fand ein jähes Ende, als König Osiris von seinem jüngeren Bruder Seth erschlagen wurde, der damit den Thron an sich riß. Laut Überlieferung soll Seth, Sinnbild für Chaos und Gewalt, sich aus dem Leib seiner Mutter gerissen haben. Sogar seine bildlichen Darstellungen verkörpern das Chaos. Seine Erscheinungsform ist eine Art Fabelwesen, ein Tier mit einer langen, gebogenen Nase wie bei einem Ameisenbär und seltsamen aufgerichteten Ohren, die oben abgeschnitten sind.

Der Tod von Osiris wird in den ersten Überlieferungen allerdings mit einer auffallenden Zurückhaltung in den erzählerischen Details behandelt, die daraufhin deuten, daß die alten Ägypter sich nicht mit dem Thema eines Königsmords befassen wollten. In den Texten heißt es knapp, „der Große" sei am Nilufer bei Nedyet „auf die Seite gefallen".

Osiris' Schwester und Gemahlin Isis begab sich auf eine lange Suche nach ihrem Gatten. Als sie seinen Leichnam schließlich fand, „setzte sie die einzelnen Teile zusammen" und bewahrte so den Körper durch ihre Zauberkräfte vor der Auflösung. So wurde Osiris zum Herrscher der Unterwelt oder des Duat.

Mehr als tausend Jahre vergingen, bis Plutarch eine wesentlich umfassendere Version des Osiris-Mythos verfaßte. Obwohl der griechische Schriftsteller hellenistische Vorstellungen in sein Werk einbrachte und für die ägyptischen Götter griechische Namen verwendete, basierte seine neue Fassung auf zeitgenössischen Schilderungen des Mythos, die er selbst in Ägypten zusammengetragen hatte.

Die Erzählung beginnt mit der Zeugung und Geburt des Osiris. Als er das Licht der Welt erblickte, soll eine Stimme verkündet haben, daß der Herr der Schöpfung geboren sei. Plutarch beschreibt anschließend Osiris' Regierungszeit als König von Ägypten, der mit großem Pflichteifer der Kultur seines Landes und dem Wohl seines Volkes diente. Nach erfolgreichen Jahren als Herrscher und Lehrmeister der Ägypter, begab er sich auf Reisen, um andere Völker in seine Lehren einzuweisen und in die Zivilisation zu führen. Nach Osiris' Rückkehr schmiedete sein mißgünstiger Bruder Seth, den Plutarch nach einem Ungeheuer in der griechischen Mythologie Typhon nannte, den Plan, Osiris zu töten und gewann 72 gleichgesinnte Mitverschwörer und eine nubische Königin für sein Mordkomplott.

Unbemerkt gelang es ihnen, die genauen Körpermaße des Osiris zu ermitteln. Während eines Festessens, zu dem Seth seinen Bruder eingeladen hatte, brachten die Komplizen eine kunstvoll verzierte Truhe in den Saal, die derjenige als Geschenk erhalten sollte, der sie mit seinem Körper genau ausfüllte. Als die Reihe an

Osiris war, versuchte er ebenfalls sein Glück und legte sich in die Kiste, die genau auf seine Maße zugeschnitten war. Sofort schlugen die Verschwörer den Deckel zu, verriegelten die Truhe mit geschmolzenem Blei und stießen sie in einen der Nilarme, so daß sie bis ins Meer davongetragen wurde.

Die Wellen warfen die Kiste bei Byblos an der libanesischen Mittelmeerküste unter einem jungen Tamarisken-Baum an Land, der schnell wuchs und dabei die Truhe im Inneren seines Stammes einschloß. Der blühende Baum erregte schließlich das Interesse des Königs von Byblos, der ihn fällen ließ, um ihn als Stützpfeiler für seinen Palast zu verwenden. Während der Baum heranwuchs, irrte Isis auf der verzweifelten Suche nach Osiris umher. Als sie vom Schicksal des wundervollen Baumes erfuhr, reiste sie nach Byblos.

Sie verschaffte sich Zutritt zum Palast, indem sie eine Stellung als Amme des neugeborenen Königssohns antrat, den sie mit ihrem Finger stillte. Da sie dem Kind Unsterblichkeit verleihen wollte, legte sie es jede Nacht ins Feuer, um seine sterblichen Teile zu verbrennen. Eines Nachts verwandelte sie sich in eine Schwalbe, die mit ihren Klageliedern die Königin herbeirief. Als diese sah, was geschehen war, zog sie voller Entsetzen ihren Sohn aus den Flammen.

Isis berichtete der Königin nun von ihrem Schicksal und bat um die Herausgabe des Pfeilers. Als sie die Truhe aus dem Inneren der Holzsäule befreite, brach sie in laute Wehklagen aus, durch die das ihr anvertraute Kind den Tod fand.

Isis brachte die Truhe nach Ägypten zurück, wo sie sie öffnete und in den Deltasümpfen versteckte. Eines Nachts entdeckte Seth die unbewachte Kiste und zer-

Die Gottheiten Osiris, Horus und Isis. Gold und Lapislazuli-Steine, 22. Dynastie (Louvre)

LINKS
Darstellung des Osiris-Chontamenti auf einem Wandgemälde in einem thebanischen Grab um 1200 v. Chr.; der Gott Osiris als Hüter der westlichen Nekropole und als Herrscher der toten Seelen (Britisches Museum)

GEGENÜBERLIEGENDE SEITE
Horusstatue aus dem Kulttempel des Horus in Edfu. Sie zeigt ihn als Falken mit der Krone Ober- und Unterägyptens, Symbol seiner mythischen Rolle als König Ägyptens nach dem Tode seines Vaters Osiris.

stückelte den Leichnam des Osiris in 14 Teile, die er über das ganze Land verstreute. Als Isis davon erfuhr, machte sie sich gemeinsam mit ihrer Schwester Nephtys, die entsetzt über die Tat ihres Gemahls Seth war, abermals auf die Suche. Es gelang ihnen, die einzelnen Körperteile zu finden und zusammenzusetzen, mit Ausnahme des Phallus, der, so die Version Plutarchs, von den Fischen gefressen worden war.

Andere ägyptische Quellen berichten, daß alle Teile des Leichnams gefunden wurden. In manchen Versionen des Mythos heißt es, die Göttin Isis habe an allen Orten, an denen sie ein Körperteil gefunden hatte, eine Bestattungszeremonie abgehalten. Dies wurde als

OBEN
Das Horuskind als Sieger über Krokodile, Schlangen und Skorpione, 30. Dynastie (Nationales Archäologisches Museum, Florenz)

GEGENÜBERLIEGENDE SEITE
Die Göttin Isis beim Stillen ihres Sohnes Horus. Fayence-Figur, 30. Dynastie (Britisches Museum)

Erklärung für die unterschiedlich starke Ausbreitung des Osiris-Kults in manchen Gebieten angesehen. Manche Darstellungen zeigen Isis als Sperberweibchen, das mit ihrem Flügelschlag Osiris den Odem des Lebens zufächelt. Durch diesen lebenspendenden Hauch wurde Osiris so lange zum Leben erweckt, daß die beiden ihren Sohn Horus zeugen konnten. Isis nutzte ihre besonderen Kräfte, um den Körper ihres Gatten vor der Verwesung zu bewahren, indem sie ihn in Leinentücher wickelte und spezielle Riten durchführte, die ihm ein ewiges Leben schenken sollten.

Der Osiris-Mythos belegte zum ersten Mal den Glauben, daß die kunstvolle Erhaltung der sterblichen Überreste ein Leben im Jenseits ermöglichte. Nach seinem Eintritt in die Unterwelt lebte Osiris als Totenrichter weiter und entschied über das Schicksal der Verstorbenen. Er wurde oft als Sonnengott der Unterwelt betrachtet, der die Finsternis des Totenreichs mit seinem Lichtstrahl erhellte. Obwohl allem Anschein nach eine Art „Seelenverwandtschaft" zwischen Osiris und Re bestand, herrschte bisweilen Rivalität zwischen ihnen. In diesem Konflikt wurden Osiris bisweilen bösartige Charakterzüge zugeschrieben. Es bestand allerdings kein Zweifel darüber, welche große Macht Osiris besaß.

Währenddessen lebte Isis nach der erfolgreichen Zeugung in freudiger Erwartung ihres Sohnes, der das rechtmäßige Erbe des Osiris als Herrscher Ägyptens antreten sollte. In manchen Versionen der Geschichte soll Osiris bei der Geburt seines Sohnes noch am Leben gewesen sein. Am weitesten verbreitet ist die Fassung, in der Isis durch den Zeugungsakt mit ihrem wiederbelebten Gemahl Osiris einen Sohn empfing. Diese Darstellung unterstreicht die mütterliche Fürsorge und List der Isis, mit der sie die Geburt des zukünftigen Thronfolgers vorbereitete. Sie wachte über die Kindheit des Horus, bis dieser alt genug war, um Seth herauszufordern und ihm das Königreich seines Vaters Osiris zu entreißen.

Manche Quellen berichten, daß Isis von Seth ins Gefängnis geworfen wurde, aus Eifersucht und Neid über die letzte Ehre, die sie dem Körper des Osiris erwiesen hatte. Der Gott Thot soll in seiner Funktion als Wesir des Osiris der Isis zur Flucht verholfen haben. Einigkeit herrscht mehr oder weniger darüber, daß Isis in den Deltasümpfen Zuflucht suchte, um die Geburt ihres Kindes vorzubereiten.

Der Sohn, den Isis gebar, war der Falkengott Horus. Die Mythen über die Zeit seiner Kindheit bis hin zur Thronbesteigung tragen dazu bei, den komplexen Charakter dieses Gottes besser zu erfassen. In seinen Darstellungen als schutzbedürftiges Kind galt der Gott Horus als Verkörperung der Verletzlichkeit. In seiner Erscheinungsform als Himmelsfalke spielen seine lebenswichtigen Augen als Symbol für Sonne und Mond eine große Bedeutung. Der wichtigste Wesenszug des Horus war vermutlich sein Streben nach einer gerechten und legitimen Herrschaft. Daher wurden alle ägyptischen Könige als irdische Verkörperung des Gottes Horus angesehen und führten lange Zeit den Namen Horus als ersten Titel.

Nach der Geburt ihres Sohnes wachte Isis fürsorglich über Horus, mußte ihn aber von Zeit zu Zeit verlassen, um Nahrung zu suchen. In einem solchen Moment entdeckte Seth den kleinen Horus und verwandelte sich in eine giftige Schlange. Als Isis zurückkehrte, fand sie ihren Sohn nach dem giftigen Schlangenbiß dem Tode nahe und flehte die Menschen in der Umgebung um Hilfe an. Diese empfanden zwar Mitleid mit ihr, konnten ihr aber nicht helfen, da niemand einen so mächtigen Zauberspruch kannte, der das Gift besiegen konnte. Isis erkannte, daß Seth hinter diesem Angriff steckte. Diese Episode, in der die Unschuld durch das Böse bedroht wird, war die erste in einer langen Reihe von Machenschaften, mit denen Seth Horus nach dem Leben trachtete.

Nachdem Isis den höchsten Gott um Hilfe angefleht hatte, unterbrach die Sonnenbarke ihre Fahrt, um den

Gott Thot herabsteigen zu lassen, damit er ihre verzweifelte Bitte anhöre. Thot drohte, daß das Sonnenboot seine Reise beenden würde, um die Welt so lange in Finsternis zu stürzen, bis Horus geheilt würde. Diese Drohung wirkte als mächtiger Zauberspruch, und das Leben des Horus wurde gerettet. Thot teilte dem Sonnengott Re die Heilung des Horus mit. In dieser Geschichte brachten die Menschen dem jungen Sohn des Königs Unterstützung entgegen, und die mächtigste Gottheit drohte mit dem Untergang der Welt, sollte Horus ein Unheil zustoßen. Dies bezeugt, welch kosmische Bedeutung dem Königtum in dieser Zeit anhaftete.

Um die Gottheit Isis ranken sich zahlreiche Mythen, in denen sich ihr mütterliches Wesen, ihre List und Hartnäckigkeit sowie ihre magischen Kräfte widerspiegeln. Dank dieser Eigenschaften gelang es Isis, ihren Sohn zu beschützen, bis der Knabe das Erwachsenenalter erreicht hatte.

Die Göttin Isis wurde oft in magischen Sprüchen angerufen, die zur Heilung von erkrankten Kindern aufgesagt wurden und besonders bei Skorpionstichen, Schlangenbissen und ähnlichem helfen sollten. Ihr besonderer Bezug zu Schlangen und Skorpionen wird anhand der folgenden Geschichte deutlich. Eines Tages machte sich Isis in Begleitung von sieben Skorpionen auf den Weg in die „Stadt der zwei Schwestern" im Deltagebiet. Sie ermahnte die Skorpione zur äußersten Vorsicht, damit Seth keinesfalls ihren Aufenthaltsort erfuhr. Bei ihrer Ankunft in der Stadt verschloß ihnen eine wohlhabende Dame die Tür, während eine arme Bäuerin die Gruppe zu sich einlud und ihnen ihre Gastfreundschaft anbot, wie es sich geziemte.

Daraufhin übertrugen sechs Skorpione ihr Gift auf den Stachel des siebten. Dieser kroch zurück und stach den Sohn der vornehmen Dame, der nun ihre mangelnde Gastfreundlichkeit heimgezahlt wurde, da niemand ihre Hilfeschreie erhörte. Isis brachte es jedoch nicht über das Herz, einem leidenden Kind ihre Hilfe zu versagen und holte es dank Magie ins Leben zurück. Indem sie jeden Skorpion beim Namen nannte, gewann sie Macht über die Tiere und ihr Gift, das durch diesen Zauber schließlich an Wirkung verlor. Zum Dank machte die wohlhabende Dame Isis und der armen Frau, die der Göttin ihre Gastfreundschaft gewährt hatte, ihre Reichtümer zum Geschenk.

Ein weiterer Wesenszug der Göttin Isis war ihr großer Ehrgeiz, der sich in folgendem Mythos widerspiegelt. Als sie nicht mehr länger als einfache Frau auf der Erde leben wollte, versuchte sie, in die Spitze des Götterhimmels aufzurücken. Sie war entschlossen, den verborgenen Namen des Sonnengottes Re zu ergründen, der dadurch in ihrer Macht stehen und ihr helfen würde. Sie hatte bemerkt, daß dem alternden Re bisweilen etwas

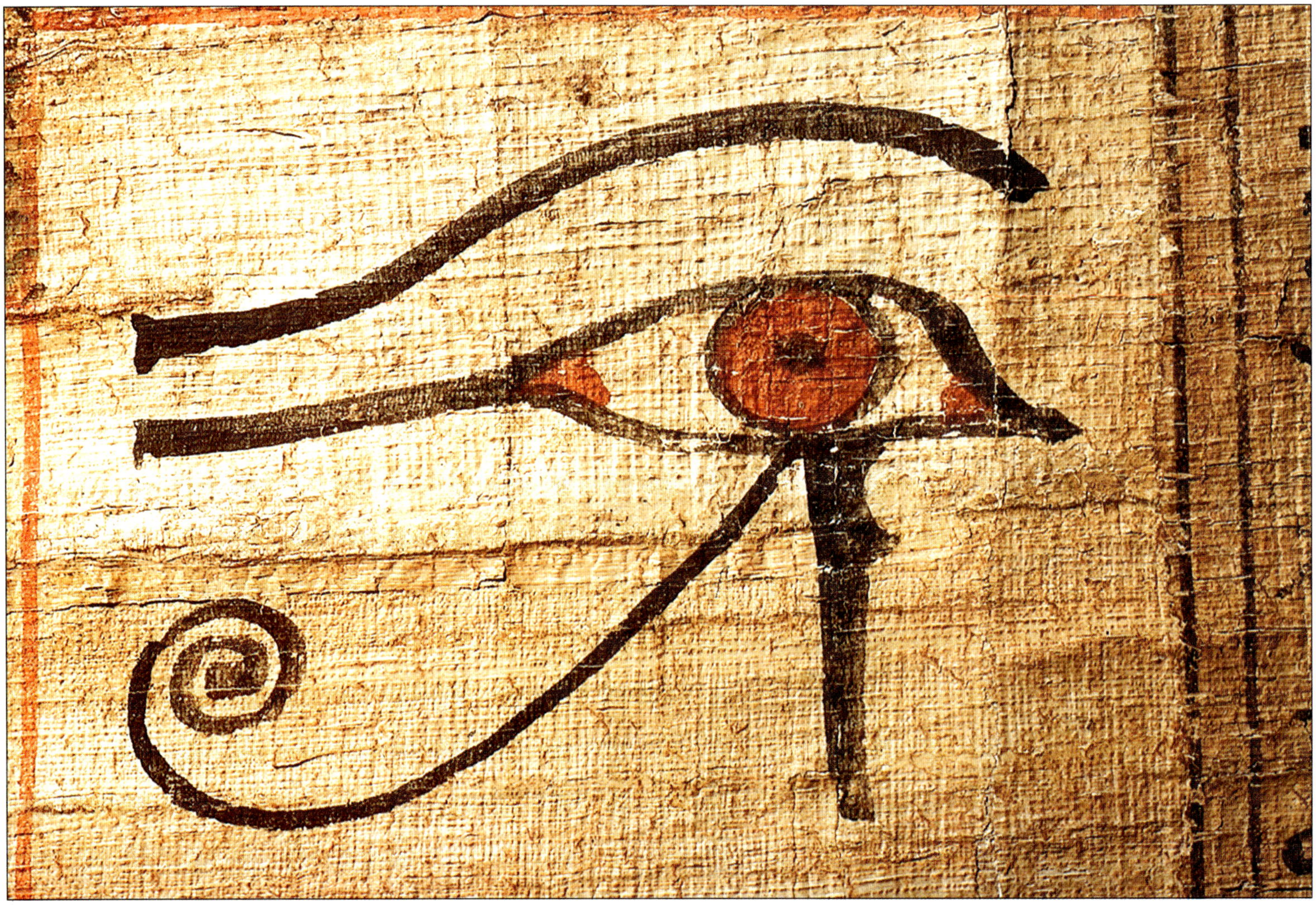

„Das Auge des Osiris", Ausschnitt aus einem altägyptischen Papyrus (Rijksmuseum, Leiden)

Speichel aus dem Mund tropfte, den sie mit Erde vermischte und daraus durch Zauber eine Giftschlange formte. Isis setzte die Schlange an einer Stelle aus, die der Sonnengott sicher passieren würde. Wie geplant wurde Re von der Schlange gebissen und daraufhin sehr krank. Er konnte sich selbst nicht helfen, da diese Pein von einem Wesen verursacht worden war, das er als Schöpfergott nicht erschaffen hatte.

Isis bot dem Sonnengott ihre Hilfe an und versprach, ihn mit ihren magischen Heilkräften von seinen schrecklichen Schmerzen zu befreien, wenn er ihr als Gegenleistung seinen geheimsten Namen verraten würde. Daraufhin zitierte Re eine lange Liste seiner Namen und Titel. Isis erkannte jedoch, daß der verborgene Name nicht darunter war. Als Re keinen Ausweg mehr sah, erklärte er sich schließlich bereit, auf die Forderungen der Göttin einzugehen. Unter Ausschluß der anderen Götter ließ er das Geheimnis direkt von seinem zu ihrem Herzen übergehen. Isis verpflichtete sich, keinem anderen Geschöpf mit Ausnahme ihres Sohnes Horus den verborgenen Namen zu enthüllen und heilte daraufhin den Sonnengott. Der Papyrus, der diese Geschichte erzählt, nennt den geheimen Namen des Re nicht, sondern enthält lediglich Isis' magische Spruchformel, mit der angeblich jeder Skorpionstich geheilt werden konnte.

In diesem Mythos wird deutlich, daß die Macht des großen Sonnengottes Re allmählich auf die jüngere Götterfamilie überging, an deren Spitze Osiris und die zukünftigen Könige standen, die als Nachfahren und Verkörperungen des Horus galten.

Horus hatte endlich wohlbehütet das Erwachsenenalter erreicht. Es war die Zeit gekommen, da er seine Ansprüche auf den ägyptischen Thron anmeldete und beschloß, seinen Onkel (in einigen Versionen seinen Bruder) Seth als König abzulösen. Er wandte sich an ein Tribunal, dem die wichtigsten Götter unter dem Vorsitz des Sonnengottes Re angehörten. Sein Großvater, der Luftgott Schu, unterstützte seine Forderungen, und auch der Weisheitsgott Thot erklärte sich einverstanden. In freudiger Erregung wollte Isis bereits den Nordwind als Überbringer der guten Nachricht zu Osiris in die Unterwelt schicken.

Doch da verkündete Re, daß er der Entscheidung noch nicht zugestimmt habe. Als Thot den rechtmäßigen Thronanspruch des Horus als Nachfolger seines Vaters Osiris anführte, brachte Re das Argument vor, Seth würde das Herrschaftsrecht aufgrund seiner Stärke zustehen. Angesichts solch pragmatischer Argumente wurde die These aufgestellt, daß der Königsmythos auf einem wahren Machtkampf in der frühen ägyptischen

Geschichte beruhte. Diese Behauptung konnte allerdings bisher noch nicht belegt werden.

Man sollte in diesem Zusammenhang nicht übersehen, daß der Gott Seth ein vielschichtiges Wesen war, das einerseits Gewalt, Chaos und Bösartigkeit verkörperte, dem aber andererseits in einigen Teilen Ägyptens große Verehrung entgegengebracht wurde. Der Grund dafür, daß der Sonnengott Re Seth unterstützte, lag nicht nur darin, daß Seth älter und stärker war als Horus, sondern daß er im Bug der Sonnenbarke mitfuhr und als einziger Macht über die Apophisschlange hatte, die jeden Abend versuchte, die Sonne auf ihrer Reise zum westlichen Horizont zu verschlingen.

Vor dem Göttergericht schlug Seth vor, den Streit außerhalb des Gerichtssaals durch eine Kraftprobe zu entscheiden. Thot stellte die Ordnung jedoch wieder her, und während der nächsten achtzig Jahre blieb die Angelegenheit ungeklärt. Da die Geduld des Gerichts schließlich erschöpft war, wurde die Gottheit Neith um Rat gefragt. Die entschiedene Antwort der Göttin fiel zugunsten des Horus aus, dem ihrer Meinung nach das Königsamt seines Vaters durch Erbfolge zustand. Aber gleichzeitig schlug die Göttin in weiser Voraussicht vor, den zurückgewiesenen Seth zu entschädigen und ihm die beiden Töchter des Re Anat und Astarte zur Frau zu geben. Diese zwei aus dem Nahen Osten stammenden Göttinnen waren während des Neuen Reiches in Ägypten eingeführt worden.

Das Gericht wollte diesem Vorschlag zustimmen, aber Re weigerte sich abermals. Er beleidigte Horus und bezeichnete ihn als Schwächling, der nicht in der Lage sei, die notwendige Amtsautorität als König aufzubringen. Daraufhin machte ein eher unbedeutender Gott den Sonnengott vor den anderen Göttern zum Gespött, indem er sich über seine große Unbeliebtheit ausließ. Gekränkt verließ Re auf der Stelle das Tribunal. Seiner Tochter Hathor, die Göttin der Liebe, gelang es jedoch, Re wieder zu besänftigen. Sie begab sich in seine Gemächer, zeigte sich ihm unbekleidet und konnte so die gute Laune des Sonnengottes wiederherstellen. Er kehrte zum Göttergericht zurück und bat Seth und Horus, ihre Thronansprüche nochmals vorzutragen.

Seth begründete seine Forderungen mit seiner Stärke und seiner Fähigkeit, das Chaos in Form der gefährlichen Apophisschlange zu besiegen. Horus brachte erneut das Argument der rechtmäßigen Thronfolge als Erbe seines Vaters Osiris vor. Isis schaltete sich zugunsten von Horus ein und erzürnte dadurch Seth so sehr, daß dieser drohte, jeden Tag einen Gott zu töten und kein Gericht anzuerkennen, dem Isis angehörte. Dies hatte zur Folge, daß Re den Gerichtshof auf eine Insel verlegte und dem Fährmann Nemty befahl, kein weibliches Wesen, das der Göttin Isis auch nur annähernd glich, auf die Insel zu lassen.

Isis nutzte ihre Zauberkräfte und verwandelte sich in ein armes, altes Weib. Sie steckte sich einen goldenen Ring an den Finger und näherte sich mit einer Schüssel Mehl unter dem Arm der Fähre. Als sich Nemty weigerte, sie auf die Insel überzusetzen, flehte sie ihn an und erklärte, sie müsse einem jungen Hirten etwas zu essen bringen, der bereits seit fünf Tagen seine Herde auf der Insel hüte und inzwischen sehr hungrig sei. Zuletzt ließ sich der Fährmann überreden und forderte als Gegenleistung den goldenen Ring.

Auf der Insel wartete Isis bis die Götter ihre Verhandlungen für eine Pause unterbrachen. Sie verwandelte sich in eine junge schöne Frau und näherte sich Seth. Dieser fand augenblicklich Gefallen an ihr und stellte sich ihr vor. Isis gab sich als Witwe aus, deren Sohn von einem Fremden bedroht würde, der ihm die väterliche Herde wegnehmen und ihn aus seinem Vaterhaus vertreiben wollte. Sie flehte Seth um Beistand an, der voller Empörung das Verhalten des Eindringlings verurteilte und sich auf die Seite des bedrängten Sohnes stellte. An dieser Stelle verwandelte sich Isis in ein Sperberweibchen und ließ sich in sicherer Entfernung auf einem Baum nieder. Von dort herab rief sie Seth zu, daß er sein Verhalten gegenüber Osiris und Horus mit seinen eigenen Worten verurteilt habe. Als Seth dem Sonnengott die Geschichte unter Tränen berichtete, empfand Re jedoch kein großes Mitleid mit Seth.

Das Tribunal wurde in die Westliche Wüste verlegt, wo die Götter den Thron Ägyptens Horus zusprachen. Die Umsetzung dieses Richterspruchs wurde durch den Einspruch Seths verhindert, der Horus neuerlich zu einem Wettstreit um den Thron herausforderte.

Seths Vorschlag für den ersten Wettstreit lautete folgendermaßen: Die beiden sollten sich in Nilpferde verwandeln und drei Monate unter Wasser ausharren. Wer vor Ablauf dieser Frist auftauchte, hätte sein Anrecht auf den Thron verwirkt. Nach einer Weile konnte Isis ihre Sorge um das Schicksal des Sohnes nicht mehr zurückhalten und fertigte eine Harpune, die sie in die Fluten schleuderte. Unglücklicherweise traf der erste Wurf Horus, so daß sie die Harpune durch Zauberkraft wieder entfernte. Als Isis mit dem zweiten Versuch Seth verwundete, bat dieser seine Schwester unter Berufung auf ihre Blutsverwandtschaft um Schonung. Isis ließ sich durch sein Flehen erweichen und befreite Seth ebenfalls von der Harpune.

Diese Tat erzürnte Horus so sehr, daß er aus den Fluten auftauchte und seiner Mutter den Kopf abschlug. Er nahm den Leichnam mit in die Berge der Wüste, wo der kopflose Leib sich in eine Statue aus Feuerstein verwandelte. Als Re von diesem Vorfall erfuhr, schwor er, Horus zu finden und für sein Verbrechen zu bestrafen. Schließlich entdeckte Seth in einer Oase den schlafenden Horus, stürzte sich auf ihn und riß ihm die Augen

Aus Saatkörnern und Leinentüchern gefertigte Kornmumie in der Gestalt des Getreidegottes Osiris. Die Mumie war in einen falkengestaltigen Sarg aus Holz gebettet. Allem Anschein nach wurden diese Kornmumien für die Zeremonien des Osiris-Kults verwendet. Ptolemäische Periode, um 100 v. Chr. (Britisches Museum)

heraus. Nachdem er diese im Sand vergraben hatte, verwandelten sie sich in Lotosblumen. Nach dieser grausamen Tat hielt Seth Horus für endgültig tot und leugnete bei seiner Rückkehr vor Re, Horus gefunden zu haben.

Indessen fand die Göttin Hathor Horus und benetzte seine Augenhöhlen mit Gazellenmilch, wodurch sein Augenlicht auf magische Weise wiederhergestellt wurde. In einer anderen Version des Mythos stahl Seth das linke Auge des Horus, das den Mond verkörperte, um sich für den Verlust seiner Hoden durch die Hand des Horus zu rächen. Auch in dieser Geschichte wurde das Auge wieder geheilt. In beiden Fassungen wird das Auge des Horus immer in der Einzahl erwähnt. Durch den Heilungsprozeß gewann das Auge an Stärke und wurde sozusagen vervollkommnet. Aus diesem Grunde wurde das Auge oft als Darstellungsgegenstand auf Amuletten oder als Schutzsymbol verwendet.

Bald kehrte Isis wieder ins Leben zurück und spielte in einer weiteren Episode des endlosen Machtkampfes zwischen Seth und Horus eine Rolle. Zum Schein unterbreitete Seth Horus ein Versöhnungsangebot und lud ihn zu einem Festmahl in sein Haus. Spät am Abend versuchte Seth einen homosexuellen Übergriff auf Horus, der diesem jedoch geschickt ausweichen konnte und Seths Samen mit der Hand auffing. Als Horus seiner Mutter Isis von diesem Vorfall berichtete und ihr die Hand mit Seths Samen entgegenstreckte, schnitt sie diese ab und schenkte ihm eine neue Hand. Anschließend gab Horus ihr etwas von seiner Samenflüssigkeit, die Isis im Garten über die Lattichpflanzen verteilte, da sie wußte, daß Seth diesen Salat besonders gerne aß und sicherlich davon kosten würde.

Als Seth das Göttergericht anrief und verkündete, er habe Horus in einem homosexuellen Akt seinen Willen aufgezwungen, zeigten die Götter Horus angesichts dieser Demütigung und Schwäche ihre tiefste Verachtung. Horus hingegen forderte die Götter auf, als Gegenbeweis seinen und Seths Samen aufzurufen. Als Thot dem Samen Seths befahl, sich zu zeigen, kam dieser aber nicht aus dem Körper des Horus hervor, sondern entstieg den Wassern der Sümpfe. Nun rief Thot nach Horus' Samen, der als goldene Sonnenscheibe dem Haupte Seths entstieg.

Die Angelegenheit wurde schließlich gelöst, indem Thot Re überreden konnte, einen schmeichelnden Brief mit der vollen, seine Macht verherrlichenden Königstitulatur an Osiris in die Unterwelt zu schicken. Dies löste einen Streit zwischen Re und Osiris um ihre jeweilige Macht aus. Osiris unterstrich seine Rolle als Ernährer der Götter, weil er sie mit Weizen und Gerste speiste. Re wies dieses Argument ermpört zurück. Osiris gelang es schließlich, die anderen Götter von seiner einflußreichen Machtstellung zu überzeugen, da alle Wesen letztendlich am westlichen Horizont herabsteigen, um in das Totenreich des Osiris einzugehen.

Daraufhin erkannten die Götter einstimmig die Forderungen des Horus an, der die Nachfolge seines Vaters antrat und König von Ägypten wurde. Als Entschädigung erhielt Seth von Re einen Platz im Himmel, wo er sich als Gewittergott am Donnergrollen erfreuen konnte. In anderen Versionen der Geschichte heißt es jedoch, Seth sei in die entfernten Wüstengebiete verbannt worden, wodurch der Gegensatz zwischen Seth als Sinnbild der Trockenheit und Osiris als Fruchtbarkeitsgott nochmals unterstrichen wurde.

Der Osiris-Kult hing eng zusammen mit dem Tod des Königs und der Machtübernahme seines Thronfolgers. Der Mythos besagt, daß Horus die Herrschaft erst antrat, nachdem Osiris zu ewigem Leben wiederauferstanden war. Im Laufe der Zeit breitete sich der Osiris-Kult immer weiter aus. Der Grund für diese Beliebtheit lag wahrscheinlich darin, daß die Menschen einen Bezug zu ihrem eigenen Leben erkannten und Anteil am Schicksal eines Mannes nehmen konnten, dem Unrecht widerfahren war, der aber durch die liebevolle Fürsorge seiner Gattin in das ewige Leben einging. In dieser Hinsicht schien Osiris den Menschen näher zu stehen als die meisten anderen Gottheiten. Bemerkenswert ist auch, daß die Legenden der Göttin Isis meist von Menschen aus dem einfachen Volk handeln.

Osiris erschien den Menschen als Verkörperung des ewigen Lebens, das sie durch ihn zu erlangen hofften. Als sich diese Vorstellung immer mehr durchsetzte, übernahmen die Menschen den Brauch der Einbalsamierung, die Osiris zum ersehnten Fortleben nach dem Tod verholfen hatte. Es wurde sogar üblich, dem Namen der Verstorbenen den Beinamen „Osiris" voranzustellen.

Obwohl Osiris als gefürchteter Richter der toten Seelen galt, entwickelte er sich im Laufe der Zeit zu einer volkstümlichen, lebensnahen Gottheit, die den Menschen zugänglicher war als der unnahbare Sonnengott, dessen Kultausübung lediglich den Monarchen und Priestern vorbehalten war.

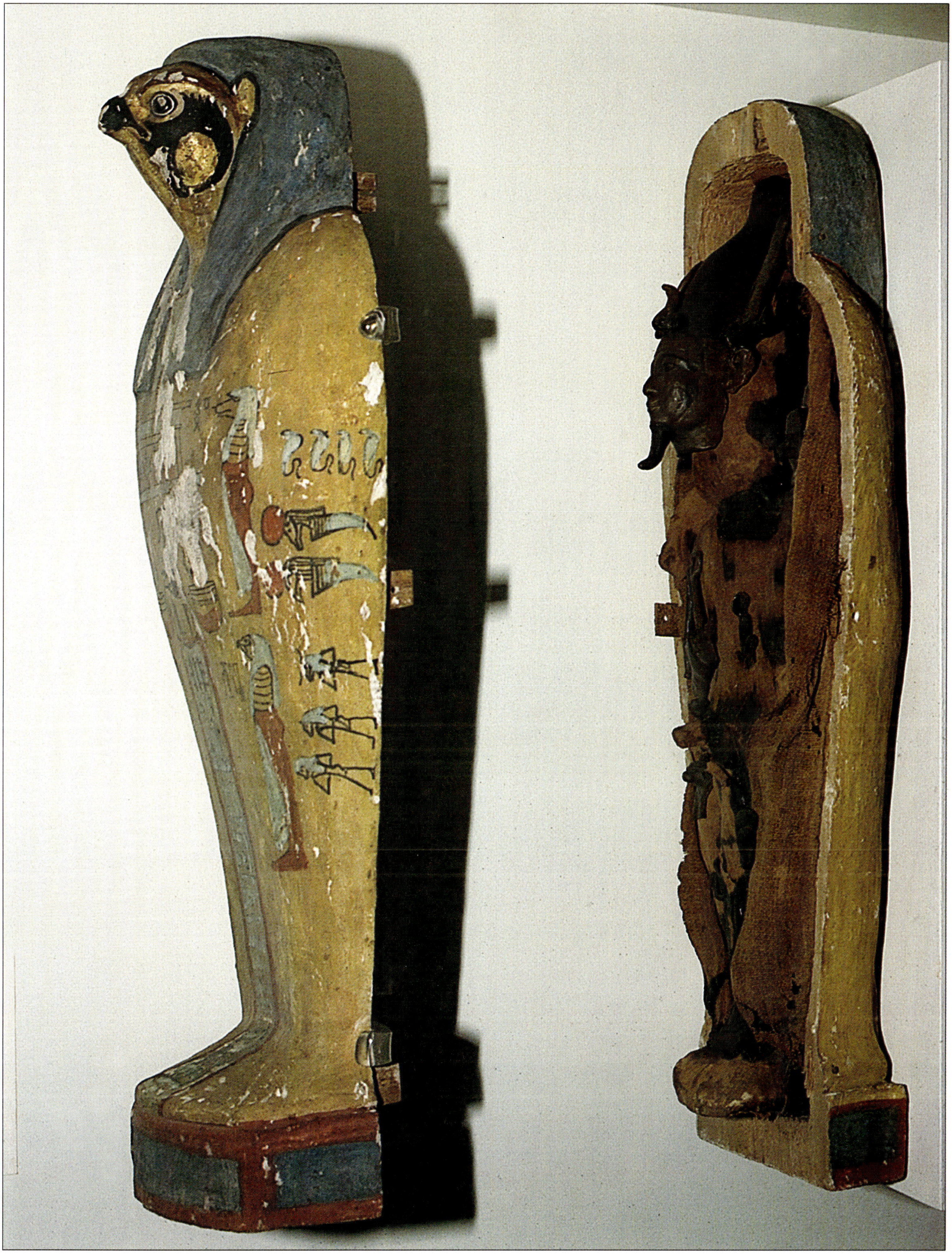

DAS TOTENBUCH

Der Schreiber Ani steht in Gebetshaltung mit erhobenen Händen vor einem Opfertisch mit Fleisch, Früchten, Brot, Kuchen und Blumen. Hinter ihm steht seine Gemahlin Tutu, eine Sänger-Priesterin des Amun, mit einem Sistrum und einem Rasselstab in ihrer linken Hand.

Ägyptologen verstehen unter dem Totenbuch eine Sammlung von Spruchformeln, die dem Verstorbenen während der Bestattungszeremonie mit ins Grab gegeben wurde. Diese Texte sollten dem Toten auf seinem Weg ins Jenseits von Nutzen sein, um von den Gefahren der Unterwelt unbeschadet ein neues Leben in den Binsengefilden beginnen zu können. Die alten Ägypter faßten diese Formeln unter der Bezeichnung „Die Sprüche vom Herausgehen am Tag" zusammen. Dieser Titel bezieht sich zum Teil auf die Vorstellung, der Ba (bewegliche Seele) müsse dem Grab entweichen können, um eine andere Gestalt anzunehmen. Insgesamt gab es über 200 Sprüche, die jedoch nicht alle in einem einzigen Werk aufgeführt wurden. Entsprechend der Wahl des Auftraggebers wurden verschiedene Spruchformeln zu einem Totenbuch zusammengestellt, dessen Umfang außerdem von den zur Verfügung stehenden finanziellen Mitteln abhing.

Die Texte wurden gewöhnlich auf Papyrusrollen niedergeschrieben, die etwa 48 cm breit waren. Die längste bisher entdeckte Rolle mißt 41 m. In den meisten Fällen wurden die Totensprüche auf Papyrus, manchmal auch auf Särgen oder Grabwänden sowie auf Leinen oder Pergament festgehalten. Während des Bestattungsrituals wurden die Papyri auf die Mumie gelegt oder in ihrer Nähe plaziert. Manchmal steckte man die Schriftrollen zwischen die Leinentücher der Mumie. Weit verbreitet war auch der Brauch, die Papyrusrolle in das Innere einer kleinen Figur des Gottes Ptah-Sokar-Osiris zu legen.

Die ersten Texte, die den Sprüchen des später entstandenen Totenbuchs gleichen, tauchten als Pyramidentexte an den Wänden der Königspyramiden von Saqqara aus der 6. bis 8. Dynastie auf (der erste Pyramidentext wurde in der Pyramide König Unas', dem letzten König der 5. Dynastie, gefunden). Viele Spruchformeln wurden in einer archaischen Sprache verfaßt und beschäftigten sich mit dem Sternenhimmel. Der Glaube, daß die Verstorbenen in den Sternen um den Polarstern weiterlebten, war eine Vorstellung, die sehr viel weiter zurückgeht als bis in die Zeit der Pharaonen. Diese glaubten, daß sie nach ihrem Tode eine Reise in den Himmel antreten würden, um dort im Gefolge des Sonnengottes ein gesegnetes Leben unter den Himmelsgestirnen zu führen. Dies deutet darauf hin, daß die Texte viel früher entstanden sind als ursprünglich angenommen. In den Pyramidentexten wurden ebenfalls Themen wie der Osiris-Kult und das Ritual der Mundöffnung behandelt, die einige Jahrhunderte später den breitesten Raum im Totenbuch einnahmen.

Als die aufwendigen Bestattungsbräuche nicht mehr ausschließlich der Königsfamilie vorbehalten waren und sich allmählich auch bei adeligen und wohlhabenderen Untertanen durchsetzten, entwickelten sich die sogenannten Sargtexte, die innen und außen an die Sargwände geschrieben wurden. Diese neue Form der Totenliteratur war besonders während des Mittleren Reiches beliebt und beschäftigte sich ebenfalls mit den beiden vorherrschenden Jenseitsvorstellungen dieser Zeit: Der Verstorbene lebte entweder im Himmel an der Seite des Re oder ging in das Reich des Osiris in der Unterwelt ein. Manche Särge enthielten neben den entsprechenden Totensprüchen auch eine Art „Landkarte" der Unterwelt, die an die Innenseite der Sargwand gemalt wurde und dem Toten auf seiner Reise durch das Totenreich den Weg weisen sollte.

Die ersten Exemplare des Totenbuchs tauchten im Neuen Reich um die Mitte des 15. Jahrhunderts v. Chr. auf. Diese Werke gehen vor allem auf Osiris als Richter der Toten und als König der Unterwelt, in der die Toten ewiges Leben finden, ein. Ein ganzer Abschnitt befaßte sich mit dem Wiegen des Herzens beim Totengericht. Die Totentexte verdeutlichen außerdem die Vorstellung, daß im Jenseits, in den sogenannten Binsengefilden, die gleichen landwirtschaftlichen Arbeiten anfielen wie im Diesseits und daher sogenannte Uschebti-Figuren als Grabbeigaben eingesetzt wurden, die als Stellvertreter des Toten seine Pflichten übernahmen. Diese kleinen Modelle und Miniaturfiguren sollten mit den entsprechenden Spruchformeln zum Leben erweckt werden, damit sie die nötige Arbeit verrichten konnten, wenn nach ihnen gerufen wurde. Diese Sprüche wurden entweder direkt auf den Uschebti-Figuren schriftlich festgehalten oder auf Papyrusrollen niedergeschrieben. Es gibt außerdem Sprüche, die die körperliche Unversehrtheit betreffen, wie z.B. den „Spruch, um nicht kopfüber zu gehen im Reich der Toten". Die magische Kraft vieler Sprüche beruhte auf dem Wissen um einen bestimmten Namen, wie etwa einer unbedeutenden Gottheit oder eines Torwächters an einer der Pforten, die der Tote passieren mußte.

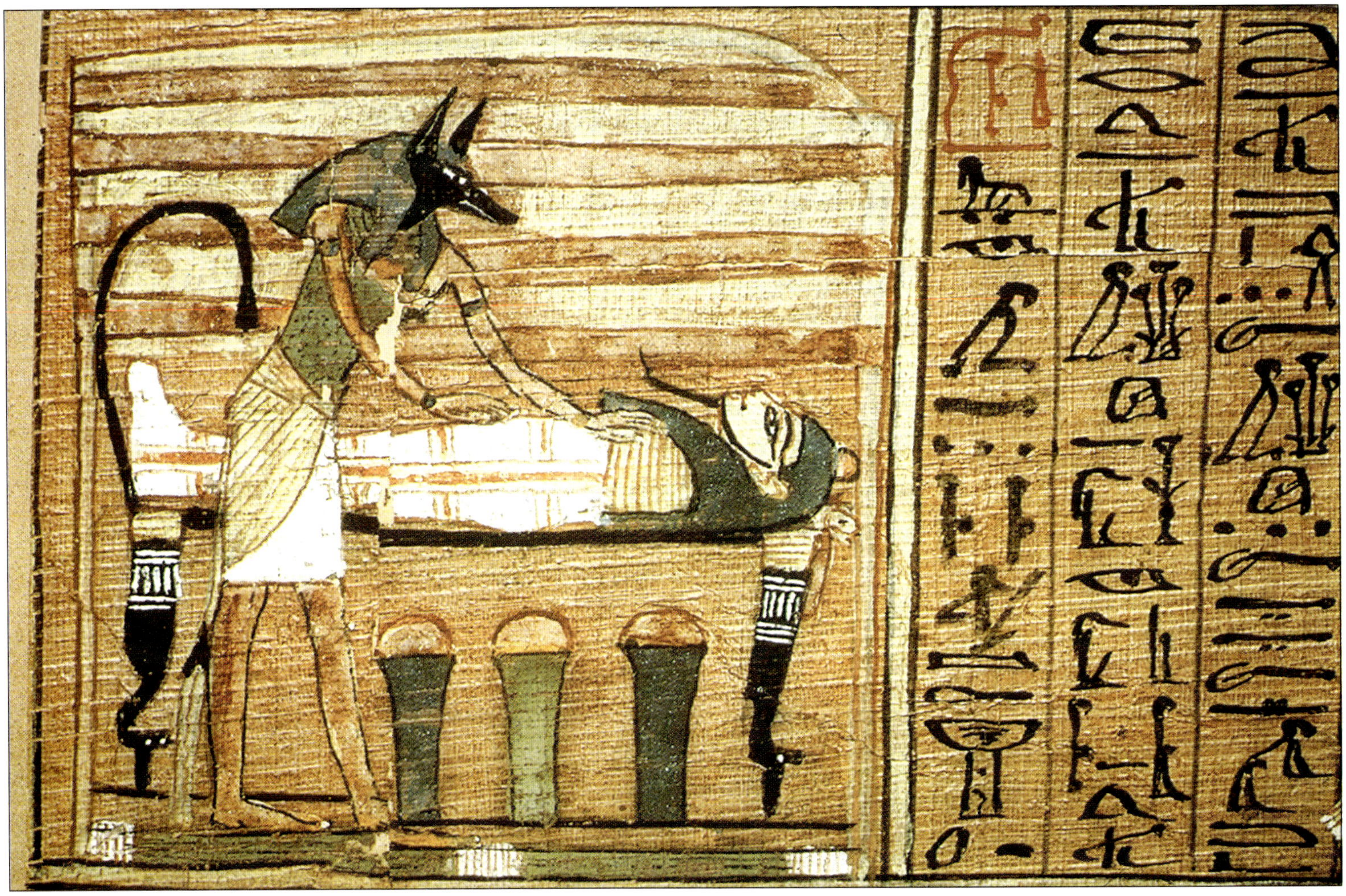

Anubis trifft die letzten Vorbereitungen für die Mumie des Ani. Diese liegt auf einem Bett und trägt ebenso wie die göttliche Mumie des Osiris einen falschen Bart mit abstehendem Ende. Die schakalköpfige Gestalt, die sich über die Mumie beugt, kann als Anubis in eigener Person oder als Priester mit einer Anubis-Maske gedeutet werden.

Die Anfertigung der Texte für die Totenbücher scheint für die Schreiber und Illustratoren ein einträgliches Geschäft gewesen zu sein. Die Handschriften wurden in Hieroglyphenzeichen, hieratischer oder demotischer Schrift verfaßt und mit Bebilderungen, den sogenannten Vignetten, versehen, die sowohl bunt als auch schwarzweiß gestaltet wurden. Die Schriften und die dazugehörigen Vignetten wurden oft nicht von ein und derselben Person gefertigt. Unterschiedliche Gruppen von Schreibern und Illustratoren arbeiteten an verschiedenen Abschnitten des Buches, die später zu einer einheitlichen Rolle zusammengefügt wurden. Vielfach erschienen die alten Vorlagen mehrdeutig, veraltet oder schwer verständlich, so daß bei der Abschrift unweigerlich Fehler entstanden. Manchmal kam es zu versehentlichen Wiederholungen ganzer Textabschnitte, oder einigen Sprüchen wurden die falschen Illustrationen zugeordnet. Da es üblich war, zuerst die Vignetten zu zeichnen und dann den Text einzufügen, stellte sich oft das Problem, daß der zur Verfügung stehende Abstand zwischen den Zeichnungen für den Text nicht ausreichte, so daß Teile ausgelassen werden mußten. Hinzu kamen große Unterschiede in der Qualität der einzelnen Totenbücher. Es gab z.B. Exemplare, die zwar hervorragende Zeichnungen, aber nur einen unzulänglichen Text besaßen und umgekehrt. Gewöhnlich wurden die Totenbücher speziell auf Anfrage gefertigt, wobei die vom Auftraggeber ausgewählten Sprüche und seine finanziellen Möglichkeiten berücksichtigt wurden. Während der Erstellung der Handschrift wurde der Name der betreffenden Person in den Text eingefügt. Einige Bücher wurden auch vorgefertigt und mit entsprechenden Freiräumen versehen, in die der künftige Kunde seinen Namen nachträglich eintragen konnte.

Die im folgenden angeführten Auszüge sind dem Totenbuch des Schreibers Ani aus Theben entnommen und stammen etwa aus dem Jahre 1250 v. Chr. Ani war Buchhalter und Verwalter der Kornspeicher der Fürsten von Abydos und Schreiber der Fürsten von Theben. Seine Gattin Tutu stammte aus adligem Geschlecht und war eine Sänger-Priesterin des Amun-Re, die auf den Vignetten mit einem Musikinstrument, dem Sistrum, in der Hand dargestellt wurde. In dem etwa 24 Meter langen Papyrus erscheint nach dem ersten Viertel des Textes zum ersten Mal der nachträglich eingetragene Name Ani, was darauf hindeutet, daß der Papyrus vorgefertigt gewesen war und nur der erste Teil eigens für Ani erstellt worden war. Er enthält über 200 Sprüche, von denen eine kleine Auswahl im folgenden aufgelistet ist.

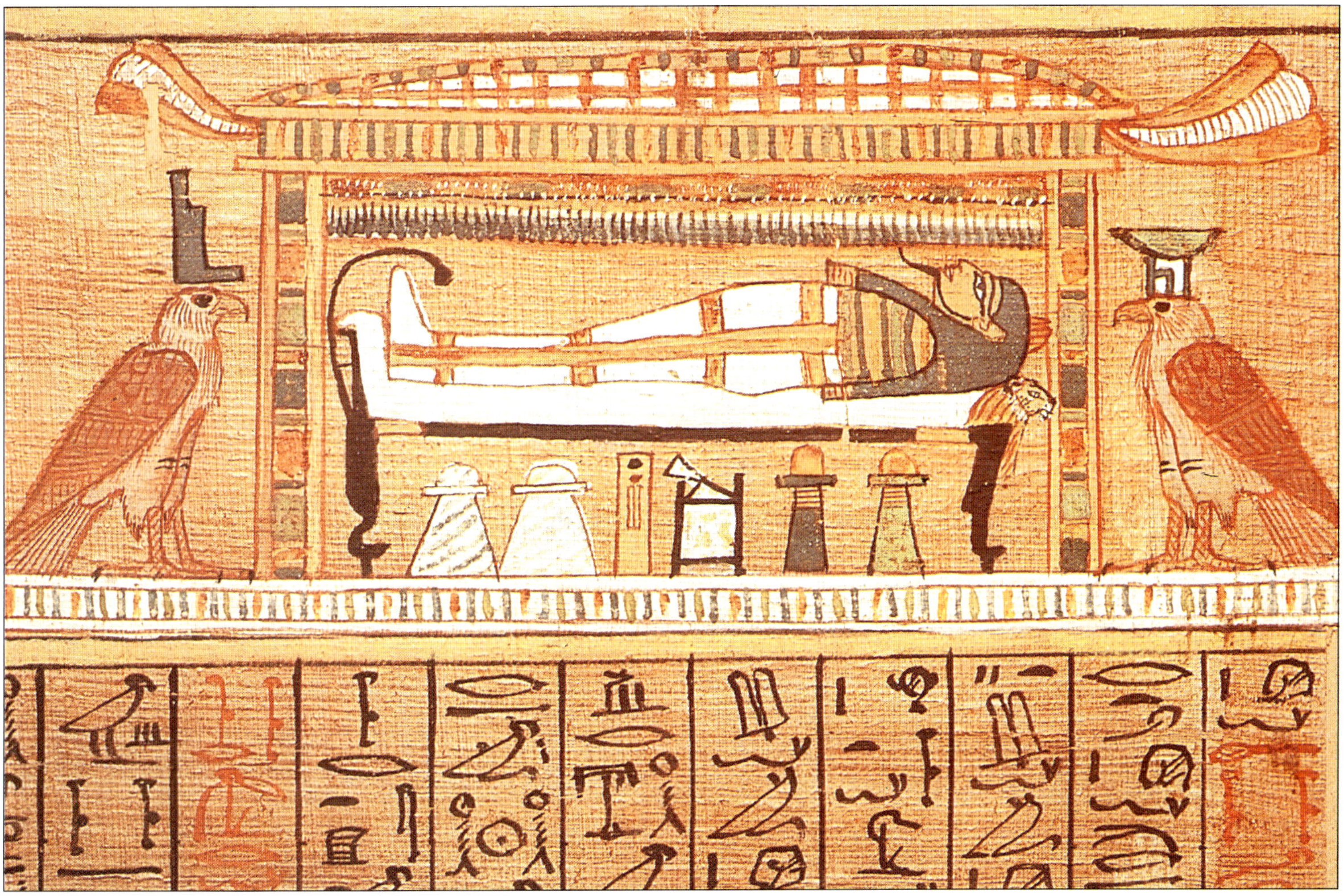

Um am Tag herauszugehen.
Um am Tag herauszugehen und zu leben nach dem Sterben.
Um zu verhindern, daß ein Mann im Totenreich arbeitet.
Um zu veranlassen, daß ein Uschebti Arbeit leistet im Totenreich.
Bitte an Thot, für ihn zu sprechen beim Göttertribunal.
Um den Mund des Verstorbenen zu öffnen.
Um zu verhindern, daß sein Herz ihm fortgenommen wird.
Um sein Herz nicht gegen ihn sprechen zu lassen bei der Prüfung.
Um nicht kopfüber zu gehen im Totenreich.
Um nicht zu verwesen im Totenreich.
Um das Krokodil zu vertreiben, das herankommt, um ihm den Zauber fortzunehmen.
Um zu verhindern, daß ein Mann von einer Schlange gebissen wird im Totenreich.
Um Luft zu atmen und über Wasser zu verfügen im Totenreich.
Um jegliche Gestalt anzunehmen, die man wünscht.
Um Gestalt anzunehmen als Lotosblüte.
Um Gestalt anzunehmen als Schwalbe.
Um eine Fähre herbeizuholen im Totenreich.
Um in die Sonnenbarke des Re einzusteigen.
Um Osiris Lobpreis darzubringen.
Um aus dem Fischernetz zu entkommen.
Um nicht noch einmal zu sterben im Totenreich.
Um gestern zu gehen und heute wiederzukehren.

Die Sprüche werden mehrmals wiederholt und basieren vor allem auf der magischen Kraft der Anrufung. Der Spruch zur Verwandlung in einen Benu-Vogel (Phönix) lautet folgendermaßen:

„Ich bin als Urzeitlicher aufgeflogen, ich bin als Chepri entstanden, ich bin gewachsen als Pflanze, ich bin die Frucht jeglichen Gottes. Ich bin ein Gekrönter, ich bin ein Verklärter, ich bin stark und heilig unter den Göttern. Ich bin Chons, der Einhalt gebietet allen Widersachern."

Der Spruch zur Verwandlung in eine Lotosblüte lautet:

„Ich bin jene reine Lotosblüte, die hervorging aus dem Lichtglanz, die an der Nase des Re ist, die die Nase der Hathor umschmeichelt. Ich komme hervor und eile dem entgegen, der Horus ist. Ich bin die reine Blüte, die hervorgeht aus dem Feld."

Durch das Aufsagen eines anderen, vielleicht eher nützlichen Spruches sollte verhindert werden, daß man ein zweites Mal stirbt, was bedeutet hätte, für alle

Die Mumie des Ani liegt auf einem sogenannten Löwenbett. Darunter sind die Palette und einige Gefäße eines Schreibers abgebildet. Zwei Vögel halten an den Bettenden Wache. Der Vogel am Fußende mit dem Kopfschmuck in Form eines Thronsitzes stellt die Göttin Isis dar. Der Vogel am Kopfende mit dem Hieroglyphenzeichen für Gold auf dem Kopf verkörpert die Göttin Nephtys.

Ausschnitt aus dem Papyrus des Ani. Der Begleittext zu dieser Vignette ist ein Hymnus an Osiris. Isis und Nephtys in Anbetung der Sonnenscheibe, die vom Lebenszeichen Anch in die Höhe gehalten wird, das auf einem Djed-Pfeiler steht. Die in Gebetshaltung vor der Sonne abgebildeten Paviane haben eine besondere Beziehung zur Sonne, da sie bereits bei Tagesanbruch mit ihrem Geschrei der Sonne huldigen.

Ewigkeit zu sterben. Nach dem ersten Tod hingegen bestand noch eine Aussicht, durch Bestehen der Rechtfertigungsprüfung in das ewige Leben einzugehen.

„Was ist das für ein Land, in das ich gelangt bin? Es gibt kein Wasser, es gibt keine Luft, alles ist ganz tief, ganz finster, ganz schwarz wie die Nacht, und die Menschen irren hilflos umher. An diesem Platz kann ein Mann nicht leben im Frieden des Herzens, kann keine Wollust empfinden. Aber mögest du mir doch Verklärung geben an Stelle von Wasser und Luft und Wollust. Mögest du meinem Herzen Frieden schenken statt Speis und Trank. Möge mein Erbe stark sein, mögen mein Grab und meine Angehörigen auf Erden fortbestehen und meine Feinde vernichtet werden. Ich bin dein Sohn, mein Vater Re, mögest du mir Leben, Heil und Gesundheit schenken, solange Horus auf seinem Königsthron bleibt ...“ (Der Verstorbene lebte in der Gestalt des Horus weiter) „... Möge er die Atef-Krone tragen für Millionen und Abermillionen Jahre; Brot, Bier, Fleisch und Geflügel, alle guten und reinen Dinge und frisches Wasser sollen ihm gegeben werden im Überfluß ..."

Dieser Text wurde über einer Figur des Horus rezitiert, die aus Lapislazuli gefertigt war und am Hals der Mumie plaziert wurde. Der Spruch sollte dem Verstorbenen Macht verleihen über die Menschen auf Erden und die Götter im Himmel. Das Aufsagen dieser Spruchformel in der Unterwelt galt als besonders wirkungsvoll und hilfreich.

Der wohl bedeutendste Spruch des Totenbuchs ist der Begleittext zur Vignette des Wiegevorgangs des Herzens. Einen Ausschnitt daraus bezeichnet man heute als die „Negativen Bekenntnisse", mit denen sich der Verstorbene an jeden einzelnen Totenrichter wendet und seine Unschuld beteuert. Die Einleitung der Bekenntnisse lautet:

„Oh Weitausschreitender, der aus Heliopolis hervorgeht, ich habe kein Unrecht getan. Oh du, der die Flamme umarmt, der aus Cheraba hervorgeht, ich habe nicht geraubt. Oh Fentiu, der aus Chemmis hervorgeht, ich habe nicht gestohlen. Oh Schattenverschlinger, der aus Quernet hervorgeht, ich habe nicht gemordet, ich habe niemandem Schaden zugefügt ..."

An erster Stelle standen die Grußformeln, an die sich die Unschuldsbeteuerungen anschlossen. Diese Texte sind sehr aufschlußreich, da wir erfahren, was die alten Ägypter unter einem unbescholtenen, sündenfreien Leben verstanden. Einige Sünden sind in den folgenden „Negativen Bekenntnissen" aufgezählt:

„Ich habe mir keinen Tempelbesitz angeeignet, ich habe die Opfergaben nicht geschmälert, ich habe keinen

Ani und seine Gemahlin in Gestalt zweier Seelenvögel, die die Bas der beiden verkörpern. Man nimmt an, daß sie auf ihren Köpfen die sogenannten Salbkegel mit Duftstoffen tragen, deren genaue Bedeutung allerdings noch nicht erforscht ist.

Gott bestohlen, ich habe keine Lüge gesagt, ich habe keine Nahrung gestohlen, ich habe niemandem ein Leid angetan, ich habe keine Unzucht getrieben, ich habe keine Tränen verursacht, ich habe nicht betrügerisch gehandelt, ich habe nicht gesündigt, ich habe keine Hinterlist gezeigt, ich habe das Ackerland nicht verwüstet, ich habe niemanden belauscht, ich habe niemals schlecht gegen jemanden geredet, ich habe nicht die Frau eines anderen Mannes beschlafen, ich bin nicht jähzornig gewesen, ich habe mich nicht verunreinigt, ich bin nicht taub gegen gerechte Rede gewesen, ich bin nicht maßlos gewesen, ich habe keinen Streit entfacht, ich habe nicht vorschnell geurteilt, ich habe keinen König beleidigt, ich habe nicht gestohlen, ich habe die Opfergaben der verklärten Toten nicht fortgenommen, ich habe die Nahrung nicht vom Mund des Kindes fortgenommen und meinem Stadtgott keine Schande bereitet, ich habe kein Gottesvieh getötet, ich habe mich nicht aufgeblasen, ich habe mich nicht über meinen Stand erhoben."

Diese Worte geben uns einen Einblick in die damaligen Moralvorstellungen des einfachen Volkes und ermöglichen uns ein besseres Verständnis der Werte und Verhaltensregeln im Alltag der alten Ägypter. Wie bei den meisten Sprüchen endet dieser Textabschnitt ebenfalls mit einer magischen Anrufung, die im übrigen in zahlreichen Mythen aus aller Welt zu finden ist. Der Verstorbene muß die „Halle der vollständigen Wahrheit" passieren:

„Ich lasse dich nicht bei mir eintreten", sagt das Tor, „wenn du mir nicht meinen Namen nennst." „Das Lot an der richtigen Stelle der Waagschale ist dein Name." „Ich lasse dich nicht bei mir eintreten", sagt der rechte Pfosten des Tores, „wenn du mir nicht meinen Namen nennst." „Waagschale, mit der Wahrheit und Gerechtigkeit gewogen werden, ist dein Name." „Ich lasse dich nicht bei mir eintreten", sagt der linke Pfosten des Tores, „wenn du mir nicht meinen Namen nennst." „Richter aller Dinge ist dein Name." „Ich lasse dich nicht über mich schreiten", sagt die Schwelle des Tores, „wenn du mir nicht meinen Namen nennst." „Ochse des Geb ist dein Name." „Ich werde dir nicht öffnen", sagt der Riegel des Tores, „wenn du mir nicht meinen Namen nennst." „Fleisch seiner Mutter ist dein Name." „Ich werde dir nicht öffnen", sagt das Schloß des Tores, „wenn du mir nicht meinen Namen nennst." „Das Lebensauge des Sobek, Herrn von Bachu, ist dein Name." „Ich werde dir nicht öffnen", sagt der Türhüter des Tores, „wenn du mir nicht meinen Namen nennst." „Arm des Schu zum Schutze des Osiris ist dein Name." „Wir lassen dich nicht bei uns eintreten", sagen die Querstreben des Tores, „wenn du uns nicht unseren Namen nennst." „Kinder der Schlange Renenutet ist euer Name." „Du kennst uns, so zieh vorbei." „Du sollst

Horus führt Anhai zum Totengericht, wo die Zeremonie des Herzaufwiegens stattfindet. Das Herz der Anhai liegt in einem kleinen Gefäß in einer Waagschale und wird gegen die Wahrheit aufgewogen, die durch die Maat, die Göttin der Wahrheit, in Form einer kleinen Figur mit einer symbolischen Feder auf dem Haupt verkörpert wird. Anubis überwacht den Wiegevorgang, und das Ungeheuer Ammit wartet darauf, die Herzen derer zu verschlingen, die die Rechtfertigungsprüfung nicht bestehen und daher ihr Recht auf ein Fortleben im Jenseits verwirkt haben. Der ibisköpfige Gott Thot, der ebenfalls durch den über den Waagschalen sitzenden Pavian verkörpert wird, hält die Ergebnisse fest. Hinter Thot steht Maat, die Göttin der Ordnung und der Wahrheit, mit der Feder der Wahrheit auf dem Haupt und dem Lebenszeichen Anch in ihrer Hand. Über den Waagschalen thronen elf Totenrichter als Zeugen der Gerichtssitzung.

RECHTS
Ani beim Senetspiel, einem Brettspiel, bei dem die Steine entsprechend einer durch Stäbchen oder Kügelchen geworfenen Zahl bewegt werden. Es ist nicht sicher, ob Ani das Spiel mit seiner Gattin spielt, die gewöhnlich hinter ihm sitzend abgebildet ist, oder ob das Spiel ein Symbol für die Reise durch die Unterwelt darstellt.

GEGENÜBERLIEGENDE SEITE
Ein Einblick in die Elysischen Gefilde, die von den Ägyptern als Binsengefilde oder Gefilde der Seligen bezeichnet wurden. In der ersten Reihe bohrt ein Mann ein Loch in den Boden, Anhai verneigt sich vor den Göttern, Thot hält ein Was-Zepter (Symbol der Macht) und ein Anch-Zeichen (Lebenssymbol), Anhai sitzt mit einem Mann, vielleicht dem göttlichen Fährmann, in einem Boot, den Abschluß bilden zwei Götter. Nächstes Register: Anhai bei der Ernte auf den Feldern, ein Mann, möglicherweise ihr Gemahl oder ein Diener, Anhai vor einem Opfertisch, ein Benu-Vogel vor einem Gott der Unterwelt. Darunter: Anhai beim Pflügen der Felder dies- und jenseits des Flusses. Unteres Register: zwei Flüsse mit zwei Benu-Vögeln, vier Götter, ein Boot mit einer Treppe, die vielleicht den Urhügel verkörpert. Die grauen Reiher sind das Sinnbild des Re und des Osiris und symbolisieren die Sonne beziehungsweise die Wiedergeburt.

nicht auf mich treten", sagt der Fußboden der Halle, „wenn du mir nicht meinen Namen nennst." „Ich bin still, ich bin rein." „Du kennst die Namen deiner beiden Füße nicht, mit denen du auf mich trittst. So nenne mir sie." „... eingeführt vor Min ist der Name meines rechten Fußes und Trauer der Nephtys der Name meines linken Fußes." „So tritt auf uns, da du uns kennst."

Die abgebildeten Vignetten sind ebenso wie die zitierten Schriften fast ausnahmslos dem Totenbuch des Schreibers Ani aus Theben entnommen und stammen etwa aus dem Jahre 1250 v. Chr. Quellen für weitere Bildmotive sind der Papyrus der Anhai, einer Sänger-Priesterin des Amun-Re in Theben, aus dem Jahre 1150 v. Chr. und der Papyrus des Hunefer, der im 14. Jahrhundert v. Chr. als Aufseher und Schreiber im Palast des Königs Sethos I. diente. Diese beiden Handschriften wurden allem Anschein nach speziell für die betreffenden Personen angefertigt. In der Saiter Epoche entstanden Exemplare, in denen das Totenbuch gründlich überarbeitet und die Abfolge der Sprüche und Kapitel einheitlich festgelegt wurde. Diese Form des Totenbuches wurde von der 26. Dynastie bis zum Ende der Ptolemäer-Herrschaft verwendet. Heute sind die Papyri des Ani, der Anhai und des Hunefer im Britischen Museum zu sehen.

Neben dem Totenbuch gab es weitere Totentexte, die auf Grab- und Pyramidenwänden oder auf Papyri niedergeschrieben wurden. Diese Schriften tragen Namen wie „Was in der Unterwelt ist", „Das Pfortenbuch", „Das Höhlenbuch" und „Das Buch des geheimen Ortes". Sogar unter der Herrschaft der Ptolemäer wurden neue Werke der Totenliteratur verfaßt, die den Verstorbenen beschützen und sicher durch die Unterwelt führen sollten. Solche Unterweltsbücher sind beispielsweise „Das Buch vom ewigen Leben" und „Das Buch vom Atmen". Diese Schriften bezeugen einerseits eine erstaunliche Kontinuität in der ägyptischen Denkweise über Jahrhunderte hinweg, verdeutlichen andererseits aber auch die zunehmende Überzeugung, daß ein rechtmäßiges Verhalten des einzelnen die Voraussetzung für ein ewiges Leben im Jenseits darstellte.

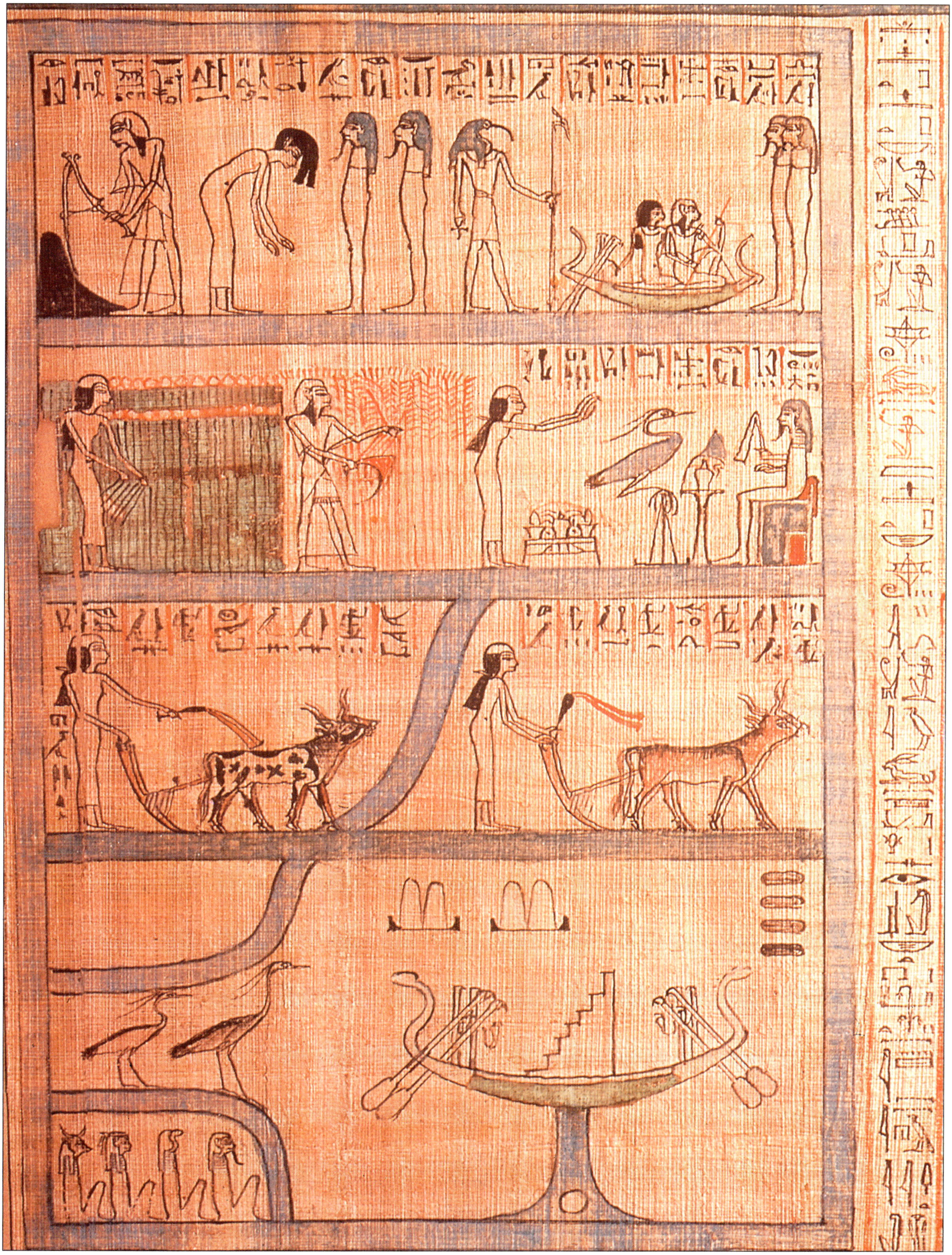

DIE GÖTTER DES ALTEN ÄGYPTEN

RECHTS
Ahmose Nefertari. Wandgemälde aus einer Grabstätte in Theben, 18. Dynastie, 16. Jh. v. Chr. (Britisches Museum)

Ahmose-Nefertari (um 1575–1505 v. Chr.)
Die Königin Ahmose-Nefertari war die Gemahlin und Schwester von Ahmose I. und Mutter des Amenophis I. Sie überlebte ihren Gemahl und regierte während der Herrschaft ihres Sohnes, den sie wahrscheinlich ebenfalls überlebte. Sie wurde in späteren Jahren als eine der Wächterinnen der Nekropole von Theben vergöttlicht und besonders in der Siedlung Deir el-Medina verehrt, die von Ahmose-Nefertari und Amenophis I. gegründet worden war. In diesem Ort lebten die für den Bau der Königsgräber im Tal der Könige eingesetzten Arbeiter.

Aker
Der Erdgott Aker bewachte in der Unterwelt die Verbindung zwischen dem westlichen und dem östlichen Horizont. Er erscheint meist in Gestalt einer Doppelsphinx mit zwei Löwen, die einander die Rücken zudrehen.

Amenhotep (Amenophis), Sohn des Hapu (um 1430–1350 v. Chr.)
Er diente Amenophis III. als Schreiber und oberster Verwalter (Wesir). Er besaß Kultkapellen in den Tempeln von Deir el-Bahri und Deir el-Medina und wurde insbesondere wegen seiner Weisheit und seiner heilenden Kräfte verehrt.

Amenophis I., 1550–1528 v. Chr.
Amenophis I., Sohn der Ahmose-Nefertari, war der zweite Herrscher der 18. Dynastie. Er wurde ebenso wie seine Mutter als Schutzgottheit der Thebanischen Nekropole verehrt.

Ammit
Göttin der Unterwelt mit dem Kopf eines Krokodils, dem Vorderteil eines Löwen und dem Hinterteil eines Nilpferdes. In den im Totenbuch abgebildeten Darstellungen des Totengerichts sitzt die „Totenfresserin" während des Wiegevorgangs neben den Waagschalen, um die Herzen der Unseligen zu verschlingen, die aufgrund ihres Verhaltens im Diesseits die Rechtfertigungsprüfung nicht bestehen und daher das Recht auf ein Leben im Jenseits verwirkt haben.

Amun, Amun-Re
Der meist als Widder dargestellte Amun wurde ursprünglich als Lokalgott von Theben verehrt, entwickelte sich dann aber unter dem wachsenden Einfluß der thebanischen Könige der 11. Dynastie zur Hauptgottheit Ägyptens. Seine Stellung als oberste Gottheit wurde dank seiner Verschmelzung mit dem Sonnengott Re zu Amun-Re gestärkt. In der Gestalt des Amun-Kamutef stellte er ebenso wie Min einen Fruchtbarkeitsgott dar und wurde als ithyphallische Figur dargestellt. Er bildete zusammen mit seiner Gemahlin Mut, einer Ortsgöttin, und ihrem gemeinsamen Sohn, dem Mondgott Chons, die Göttertriade von Theben. Der prunkvolle Tempel des Amun in Karnak, der von der reichen und mächtigen Amun-Priesterschaft verwaltet wurde, war der Hauptkultort des Amun und eine beliebte Pilgerstätte. Der Amun-Kult verlor zeitweilig an Bedeutung, als König Echnaton die Reichshauptstadt nach Amarna verlegte, um dort die Gottheit Aton zu ver-

ehren, gewann seine Vormachtstellung jedoch nach kurzer Zeit wieder zurück. Die Amun-Religion erlebte einen weiteren Rückschlag, als die Assyrer im Jahre 664 n. Chr. die Stadt Theben zerstörten und der Osiris-Kult seinen Wirkungsbereich ausdehnte und immer mehr Einfluß gewann. Bei den Griechen galt Amun als das Ebenbild des Zeus, so daß sich der Kult des Zeus-Ammon bis nach Griechenland ausbreitete. Dieser setzte sich wiederum als Jupiter-Ammon-Kult bei den Römern durch.

Anubis

Ein Totengott in Gestalt eines Hundes oder Schakals. Der Schakal lebte vor allem in der Westlichen Wüste und wurde daher mit dem im Westen liegenden Reich der Toten in Verbindung gebracht. Später floß der Gott Osiris in den Anubis-Kult ein, und Anubis wurde als Sohn von Osiris und Nephtys betrachtet. Er balsamierte die sterblichen Überreste des Osiris ein und führte die Bestattungsriten durch. Im Totenbuch wird Anubis als Gott dargestellt, der den Vorgang der Einbalsamierung und Mumifizierung überwacht und die Mumie beschützt. Er nimmt außerdem an der Zeremonie der Mundöffnung teil und führt das Wiegen des Herzens beim Totengericht durch. Anubis wird ebenfalls durch den Fetisch Imiut verkörpert, ein kopfloses Wesen in Form eines Felles, das an einer in einem Gefäß stehenden Stange hängt. Der Imiut ist auf zahlreichen Tafeln und Papyri abgebildet. Im Grab des Tutanchamun wurde eine Figur dieses Fetischs gefunden, dessen Bedeutung bisher allerdings nicht bekannt ist.

Anuket (Anukis)

Nubische Göttin, deren ägyptische Kultstätte im Gebiet des Ersten Kataraktes lag. Chnum, Satet und Anuket bildeten die Göttertriade von Elephantine.

Apis

Ein heiliger Stier, der als Verkörperung des Gottes Ptah galt. In regelmäßigen Abständen wurde ein neuer Apis-Stier mit schwarzem Fell und weißen Flecken am Kopf sowie dem Abbild eines Geiers auf seinem Rücken geboren. Der neue Stier wurde zu seiner Kultstätte in der Nähe des Heiligtums des Gottes Ptah in Memphis gebracht. Der alte Stier wurde in einer feierlichen Zeremonie im Nil ertränkt. Der Tierleichnam wurde mumifiziert und in einem herrlichen Granitsarkophag in einer unterirdischen Grabkammer, dem sogenannten Serapeum von Saqqara nicht weit von Memphis, beigesetzt. Der tote Stier wurde mit Osiris gleichgesetzt und ging in die Figur des Osiris-Apis oder Serapis über.

Apophis

Die Schlangengottheit der Unterwelt personifiziert die

OBEN
Ramses III. steht vor Amun, Mut und Chons, der Thebanischen Göttertriade. Ausschnitt aus einem Papyrus der 20. Dynastie

UNTEN
Der schakalköpfige Gott Anubis. Wandgemälde aus einem Grab im Tal der Königinnen in Luxor.

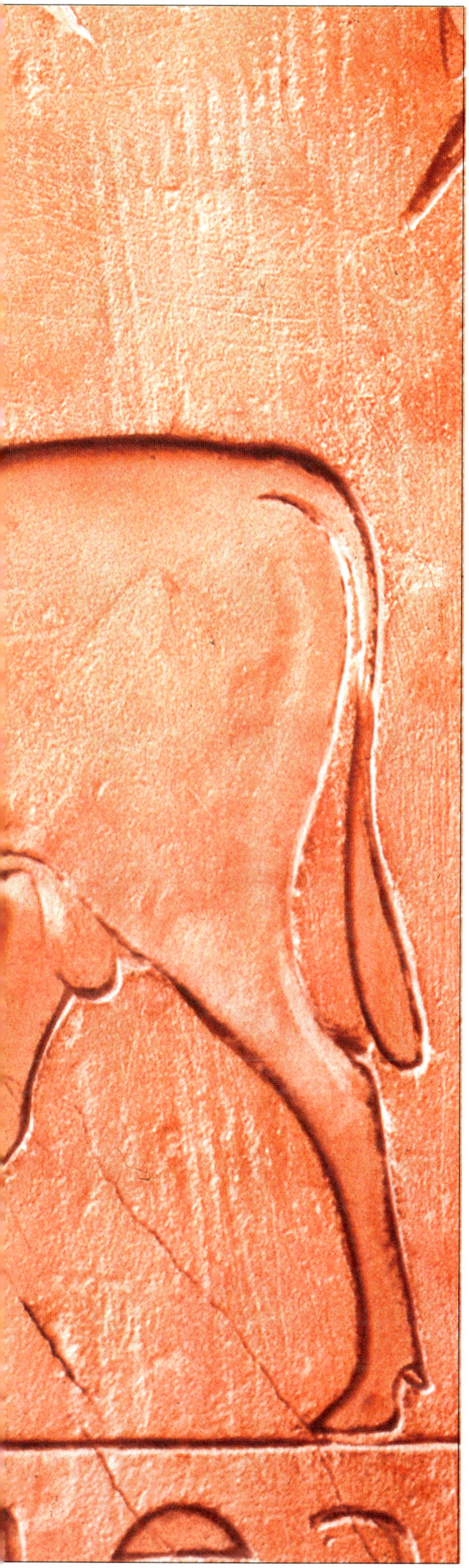

Finsternis, das Böse und das Chaos. Apophis bedroht die Sonnenbarke des Re während der nächtlichen Fahrt durch die Unterwelt und wird dabei zwar besiegt, aber nie zerstört. Seth beschützt das Boot des Re und bezwingt Apophis mit seiner Stärke und seinen magischen Kräften. Auch wenn Seth an dieser Stelle als Gegner des Apophis auftritt, verkörpert er ansonsten, ebenso wie die Schlange, die feindlichen Kräfte, deren Ziel die Zerstörung der bestehenden Götterordnung ist.

Der Stiergott Apis trägt eine Sonnenscheibe zwischen seinen Hörnern (Louvre)

Aton

Die Gottheit Aton wird als Sonnenscheibe dargestellt und verkörpert die positiven Aspekte der Sonne. Darstellungen zeigen Aton als Sonnenscheibe, deren Strahlenarme handförmig enden und dem König das Lebenszeichen Anch entgegenstrecken. Er wurde zum ersten Mal in Aufzeichnungen, die gegen 1500 v. Chr. unter der Herrschaft des Thutmosis I. entstanden waren, erwähnt und gewann während der 18. Dynastie allmählich an Bedeutung. Da König Amenophis III. die Gottheit Aton besonders verehrte, entstand in Heliopolis, der Hauptkultstätte des Sonnengottes Re, eine Priesterklasse des Aton. Als Amenophis IV. an die Macht kam, erklärte er Aton zur Reichsgottheit und setzte mit der Errichtung des Per-Aton-Tempel ganz in der Nähe des Amun-Tempels in Karnak ein Zeichen.

Im fünften oder sechsten Jahr seiner Regentschaft gründete Amenophis IV. im Norden zwischen Theben und Memphis eine neue Stadt am Ufer des Nils. Er gab ihr den Namen Achetaten, „Horizont des Aton". Die Stadt ist heute unter ihrem arabischen Namen El-Amarna bekannt. Zur gleichen Zeit änderte er seinen Namen Amenophis („Amun ist zufrieden") in Echnaton (Achenaten, „Ruhm des Aton"). Achetaten wurde zur neuen Hauptstadt des Reiches ernannt. Der König ließ zwei neue Tempel errichten, die nicht wie bei der klassischen Bauweise geschlossene Dächer hatten, sondern nach oben zur Sonne hin offen waren. Aton wurde zur obersten Gottheit des Staates erklärt. Es ist allerdings nicht belegt, ob dies eine vollständige Einführung des Monotheismus zur Folge hatte. Die Religion spielte sich fern von den Massen des Volkes ab, da nur der König und die Königin Nofretete direkten Zugang zu Aton hatten. Die Herrschaft Echnatons dauerte nur 18 Jahre, gefolgt von einer kurzen Regentschaft des Semenchkare (Neferneferuaton), der dann von Tutenchaton abgelöst wurde, der vermutlich der jüngere Bruder oder Sohn des Echnaton war. Tutenchaton war mit Anchesenpaaton, einer der Töchter des Echnaton, vermählt. Das Paar änderte jedoch seine Namen in Tutanchamun und Anchesenamun und sagte sich vom Aton-Kult los. Die Hauptstadt wurde nach Memphis zurückverlegt, und nach wenigen Jahrzehnten war die Stadt Amarna verlassen. Zahlreiche Reliefdarstellungen von Echnaton und Nofretete wurden zerstört, um die Spuren der beiden Herrscher und ihrer Ketzerei zu tilgen.

RECHTS
Bronzefigur der Göttin Bastet, die in ihrer linken Hand eine Ägis (breiter Halsschmuck) hält (Britisches Museum)

GEGENÜBERLIEGENDE SEITE, RECHTS
Katzenfigur aus Bronze, die der Göttin Bastet geweiht war. Bronzefigur, Römische Zeit (Britisches Museum)

GEGENÜBERLIEGENDE SEITE, UNTEN
Kopf einer großen Figur des Gottes Bes. Blaue Fayence, um 100 n. Chr. (Britisches Museum)

Atum

Der Schöpfergott von Heliopolis, der sich selbst geschaffen hat und aus dem Urgewässer des Nun entstiegen ist. Er zeugte den Luftgott Schu und die Göttin der Feuchtigkeit Tefnet, die dem Erdgott Geb und der Himmelsgöttin Nut das Leben schenkten, deren Kinder Osiris, Isis, Seth und Nephtys waren. Diese Familie bildete die Götterneunheit von Heliopolis. Darstellungen zeigen Atum meist in Menschengestalt, die Doppelkrone Ägyptens tragend.

Bastet

Katzengöttin, deren Hauptkultort die Stadt Bubastis war. Als Tochter des Sonnengottes verkörpert sie die guten Eigenschaften der Sonnenkraft, im Gegensatz zu den zerstörerischen Aspekten, die der Göttin Sachmet zugeschrieben werden. Bastet wurde zunächst in Löwengestalt dargestellt. Gegen Ende des Mittleren Reiches erscheint sie als Frau mit einem Katzenkopf und übernimmt die Rolle einer schützenden, gutmütigen Gottheit. Als Muttergöttin wird sie oft mit jungen Kätzchen gezeigt. Abbildungen, auf denen Bastet ein Sistrum in ihrer Hand hält, bezeugen ihre Verbindung mit den Göttinnen Isis und Hathor.

Bes

Der Gott Bes ist eine zwergengestaltige Figur mit einem fratzenhaften Bart. Ursprünglich war er vermutlich ein Löwengott, da er den Schwanz, die Ohren und die Mähne eines Löwen besaß, wobei allerdings nicht sicher ist, ob dies seine eigenen Körperteile waren oder Teile eines Löwenfells, das er möglicherweise getragen hat. Er war ein Schutzgeist, der dafür sorgte, daß keine Schlangen ins Haus kamen und der allgemein die bösen Geister vertrieb. Er war bei Geburten anwesend, um mit seinem Gesang und Tanz sowie durch den Klang der Tamburine oder Trommeln das Böse abzuwehren. Bes war besonders in der Spätzeit eine sehr beliebte Gottheit, die auf zahlreichen Gegenständen des Hausgebrauchs, wie z.B.

Kopf der Göttin Hathor aus Theben. Fayence, um 1000 v. Chr. (Britisches Museum)

Spiegeln, Toilettenartikeln, Parfumfläschchen und sogar auf Betten abgebildet war. Da er ebenfalls der Schutzgott der Toten war, waren die runden Kopfstützen der Mumien mit seinem Abbild verziert.

Seine Gefährtin war die Gottheit Beset, die als weiblicher Zwerg oder Schlange auftrat. Er soll aber auch mit Taweret (Toeris), der Göttin der Geburt, vermählt gewesen sein. Im Gegensatz zu den fast ausschließlich im Profil dargestellten ägyptischen Göttern wird Bes gewöhnlich von vorne gezeigt. Diese Tatsache ist vielleicht darauf zurückzuführen, daß dieser Gott seinen Ursprung nicht in Ägypten, sondern im Sudan hatte.

Chepri

Der Sonnengott in seiner Funktion als Schöpfer Chepri erscheint in der Gestalt eines Skarabäus-Käfers. Mit dem Namen Chepri wurde der Sonnengott bezeichnet, der früh am Morgen am Horizont erscheint, um seine tägliche Sonnenreise am Himmel anzutreten, vermutlich als analoger Vergleich zu einem Mistkäfer, der den ganzen Tag über eine Dungkugel vor sich herrollt. Der Käfer ist ebenfalls ein passendes Sinnbild für den Schöpfer- und Sonnengott Atum, da aus den in der Mistkugel enthaltenen Eiern von selbst ein neuer Käfer entsteht, vergleichbar mit der Selbstzeugung des Atum. Der Gott Chepri ist eine vergleichsweise alte Gottheit, auch wenn die meisten Amulette in Form eines Skarabäus erst im Mittleren Reich entstanden sind.

Chnum

Der widderköpfige Gott Chnum hatte seit etwa 3000 v. Chr. seinen Hauptkultort auf der Insel Elephantine nahe der Stadt Assuan. Chnum wachte über die Nilfluten und kontrollierte die Überschwemmungen. Diese Eigenschaften und seine Kräfte als Widder begründen seinen Ruf als Schöpfergott. Seine große Schöpferkraft zeigte sich in seinen aus Ton gefertigten Figuren. Manche Darstellungen zeigen ihn an einer Töpferscheibe sitzend beim Modellieren neuer Menschengestalten. Seine kreativen Fähigkeiten standen besonders in seiner Kultstätte in Esra im Vordergrund, wo er als Schöpfer der Götter, Menschen, Tiere und Fische verehrt wurde.

Chons

Der Name des Gottes Chons bedeutet „Durchwandler", da er als Mondgott den Himmel durchquerte. Gewöhnlich wird er als Mann abgebildet, dessen Beine mit mumienähnlichen Tüchern fest umwickelt sind und der auf seinem Haupt eine Mondscheibe trägt, die in einer Mondsichel liegt. Ebenso wie andere Mondgötter wird er durch den Pavian verkörpert. Er galt ursprünglich als zorniger Gott, wurde aber später in Theben als Sohn des Amun und der Nut verehrt und daher oft als Kind mit der charakteristischen Seitenlocke dargestellt. In dieser Rolle übernahm er, ebenso wie Horus, die Funktion eines Schutzgottes zur Abwehr wilder Tiere.

Chontamenti (Chenti-Imentiu)

Sowohl Osiris als auch Anubis werden als Chontamenti bezeichnet, was soviel bedeutet wie „der an der Spitze der Westlichen" (d.h. der Verstorbenen). Dieser Ausdruck symbolisiert ihre Macht über die gewöhnlich am westlichen Nilufer gelegenen Nekropolen. In früheren Zeiten wurde in Abydos ein Gott in Hundegestalt mit Namen Chontamenti verehrt, der jedoch durch den Anubis-Kult verdrängt worden war.

Duamutef – siehe Horussöhne

Geb

Der Erdgott Geb taucht zum ersten Mal im Schöpfungsmythos von Heliopolis auf. Er war der Bruder und Gatte der Himmelsgöttin Nut und der Sohn des Luftgottes Schu und der Göttin der Feuchtigkeit Tefnet. Er zeugte die Götter Osiris, Isis, Seth und Nephtys. Geb fällte die Entscheidung im Streit zwischen Seth und Horus und erklärte letzteren zum rechtmäßigen Erben des Osiris und zum Herrscher über die Lebenden. Aus diesem Thronanspruch leitete sich das Herrschaftsrecht der Pharaonen ab. Als Erdgott übernahm Geb auch die Rolle eines Vegetations- und Fruchtbarkeitsgottes: Er brachte Wasser und die Pflanzen hervor. Für die Toten verkörperte er allerdings einen bösartigen Gott, da er die Bestatteten sozusagen in seinem Körper einschloß. Einem alten Mythos zufolge zeugten Geb und Nut die Sonne und

Die Göttin Isis mit Kuhgehörn und Sonnenscheibe, die ebenfalls Symbole der Göttin Hathor sind (Nationales Archäologisches Museum, Florenz)

sind daher die Vorfahren aller Götter. Eine weitere Erscheinungsform des Geb ist die Gans („der große Schnatterer"), die das kosmische Ur-Ei legte, aus dem die Sonne geboren wurde.

Hah

Hah ist der Gott der Unendlichkeit und Mitglied der Achtheit von Hermopolis (acht göttliche Urwesen). Sein Abbild ist auf den königlichen Herrschaftsinsignien dargestellt und sollte durch magische Kräfte dem König ein langes Leben sichern.

Hapi

Der Gott der Nilüberschwemmungen Hapi ist einer der Horussöhne. In Darstellungen erscheint er als Mann mit einer Papyrus- oder Lotospflanze auf dem Haupt und schwer herabhängenden Brüsten, die seine Fruchtbarkeit symbolisieren sollen. Sein Körper ist oft grün oder blau gefärbt. Hapi lebte in den Felsenhöhlen des Kataraktengebietes und besaß in Assuan seine Hauptkultstätte. Einige Tempel beherbergen zahlreiche Figuren des Gottes Hapi mit Opfergaben, was wiederum seine Rolle als Fruchtbarkeitsgott bezeugt.

Harpokrates

Der Gott Harpokrates gilt als der kindliche Horus, der als Knabe mit der für die Jugend typischen Seitenlocke und einem Finger am Mund dargestellt wird. Er erscheint auch als Bezwinger von Schlangen, Skorpionen und Krokodilen. Man stellte zur Zeit der Griechen und Römer seine Bildnisse in den Häusern auf, um die Familie vor diesen Kreaturen zu schützen und die bösen Geister zu vertreiben. Im Mythos von Osiris, Isis und Horus konnte sich der Horusknabe gegen die Angriffe der Schlangen des bösartigen Seth erfolgreich zur Wehr setzen.

Hathor

Die Göttin der Freude, der Liebe, der Fruchtbarkeit, der Musik und des Tanzes. Hathor ist eine Tochter des Re und tritt ebenso wie die Göttin Nut, mit der sie oft verwechselt oder gleichgesetzt wurde, als Himmelsgöttin auf. Sie erscheint gewöhnlich als Kuh mit einer Sonnenscheibe zwischen dem Gehörn oder als Frauengestalt mit den Ohren einer Kuh. Als Göttin der Musik und des Tanzes ist das Sistrum, eine Art Rasselinstrument, ihr Attribut. Hathor galt nicht nur als Tochter des Sonnengottes, sondern soll auch mit ihm einen Sohn gezeugt haben, nämlich Horus den Älteren. In Edfu wurde sie als Gemahlin des Horus verehrt. In ihrer Rolle als Mutter des Horus wurde sie ebenfalls als Mutter der herrschenden Könige angesehen. Darstellungen zeigen sie daher auch als Kuh, die einen Pharao säugt. Die Hauptkultstätte der Göttin Hathor befand sich in Dendera, wo ihr zu Ehren unter den Ptolemäern ein gewaltiger Tempel errichtet wurde. Der Mythos besagt, daß Hathor von diesem Tempel aus einmal im Jahr eine Bootsfahrt auf dem Nil unternahm, um ihren Gemahl Horus in Edfu zu besuchen. Dieses alljährliche Ereignis entwickelte sich zu einer beliebten Pilgerreise und einem fröhlichen Fest.

Die Göttin Hathor galt in Memphis als „Herrin der Sykomore" und ist auf zahlreichen Grabbeigaben als Frauengestalt mit Kuhgehörn abgebildet, die von einem Sykomoren-Baum herab den Verstorbenen Speise und Trank spendet. In den Begräbnistexten wurde sie als Herrin des Westens bezeichnet, die jeden Abend die untergehende Sonne in Empfang nimmt und sie bei ihrer nächtlichen Fahrt durch die Unterwelt beschützt. Die Sterbenden baten daher die Göttin Hathor um ihren Schutz. Im Totenbuch wird sie als Kuhgestalt an den Hängen des Westlichen Gebirges abgebildet, wo sie fürsorglich über die Toten wacht.

Als gütige Göttin genoß Hathor in allen Gesellschaftsschichten, vom König bis zum einfachen Bauern, großes Ansehen. Der große, von den Ptolemäern erbaute Hathor-Tempel in Dendera wurde von den Römern bis zur Herrschaft des Trajan erweitert und zeugt von der großen Beliebtheit dieser Göttin bis in die Spätzeit. Als jedoch der Osiris-Isis-Kult an Bedeutung und Einfluß gewann, nahm Isis viele Eigenschaften und Attribute der Hathor an und trat oft als kombinierte Figur der Isis-Hathor auf.

Heket

Eine Göttin in Froschgestalt, die Geburt und Wiedergeburt verkörpert. In den Pyramidentexten stand sie dem König bei seiner Fahrt in den Himmel bei. Sie war die Gefährtin des Chnum (der die ersten Menschen auf seiner Töpferscheibe schuf) und erweckte die von ihm gestalteten Tonfiguren zum Leben. Als Göttin der Geburt formte sie angeblich bereits im Mutterleib das Kind und verhalf ihm dann zum Leben.

Horus

Bereits in der Frühzeit wurde der Falke als Himmels- oder Sonnengott verehrt. In seiner Verkörperung als Gott des Himmels stellten seine Augen Sonne und Mond dar. Seit der prädynastischen Zeit war der Falke das Emblem der siegreichen Herrscher und wurde daher mit dem König assoziiert, der als irdische Verkörperung des Horus angesehen wurde. Da der Sonnengott Re ebenfalls als starkes Symbol für die Macht des Königs galt, wurde der Gott Horus unter anderem auch mit der Sonne gleichgesetzt. Der Falke muß bereits seit Urzeiten ein beliebtes Sinnbild für die Macht gewesen sein, da es viele eigenständige Kultstätten gab, die dem Falken als Gott des Himmels geweiht waren. Im Laufe der Zeit flossen die unterschiedlichen Strömungen in einem

Harpokrates, das Horus-Kind, in der typisch altägyptischen Darstellungsweise eines Kindes mit einem Finger am Mund und der üblichen Seitenlocke. Blaue Fayence-Figur (Louvre)

einzigen Horus-Kult zusammen, wobei die einzelnen Auslegungsformen innerhalb des Hauptkults bestehen blieben. Der gesamte Mythos des Horus erscheint daher sehr kompliziert und vielschichtig, so daß die verschiedenen Erzählungen, ebenso wie bei anderen ägyptischen Gottheiten, verwirrend und manchmal sogar widersprüchlich sind.

Horussöhne

Die Aufgabe der vier Horussöhne bestand darin, die inneren Organe der Verstorbenen zu bewachen, die in den vier sogenannten Kanopen aufbewahrt wurden. Nach und nach entwickelten sich feste Zuordnungen, und die Deckel der Kanopenkrüge wurden nach den Köpfen der einzelnen Götter geformt. Der menschenköpfige Imset war für die Leber verantwortlich, der affenköpfige Hapi bewachte die Lunge, der Magen stand unter dem Schutz des schakalköpfigen Duamutef, und Kebechsenef mit dem Kopf eines Falken bewachte die Eingeweide.

Imhotep

Eine historische Figur, die während der 3. Dynastie unter König Djoser hohe Ämter bekleidete. Imhotep galt als Baumeister der Stufenpyramide von Saqqara, die der erste

RECHTS
Bronzefigur der Göttin Maat, 26. Dynastie (Britisches Museum)

Steinbau eines solchen Umfangs in der Geschichte war. Obwohl dies für seine Stellung recht ungewöhnlich war, wurde Imhotep in einem solchen Maße verehrt, daß er etwa 2000 Jahre nach seinem Tode zur Gottheit erklärt wurde. Bronzestatuetten zeigen ihn sitzend mit einer offenen Papyrusrolle auf den Knien. Da ihm heilende Kräfte zugeschrieben wurden, erkannten die Griechen in ihm ihren Heilgott Asklepios. Imhotep wurde auch als Sohn des Gottes Ptah angesehen und daher von all denjenigen angebetet, die hofften, er könne die schöpferischen Kräfte seines Vaters übertragen.

Imiut-Fetisch

Der Imiut hat die Form eines kopflosen Tierfells, das ausgestopft an einer Stange aufgehängt wurde, die in einem Gefäß steckte. Dieser Fetisch wurde zwar bereits in Aufzeichnungen aus der Zeit der 1. Dynastie erwähnt, gewann aber erst durch den Kult der Gottheit Anubis an Bedeutung und wurde manchmal als sein Schutzzeichen oder eines seiner Attribute dargestellt.

Imset – siehe Horussöhne

Isis

Die Göttin Isis war die Tochter der Nut und des Geb und eine sehr mächtige und beliebte Gottheit. Sie war ihrem Bruder und Gemahl Osiris treu ergeben. Die Schriftzeichen ihres Namens bedeuten das Wort Thronsitz, dessen Verkörperung sie ursprünglich wohl gewesen war. Man identifizierte sie vor allem mit dem ägyptischen Thron, da sie und Osiris die ersten Herrscher in einem goldenen Zeitalter gewesen waren und Isis die Mutter des Horus und somit aller nachfolgenden Könige Ägyptens war. Als Osiris von Seth ermordet wurde, erweckte Isis ihren Gatten wieder zum Leben. Sie wird oft als Vogel dargestellt, der seine Flügel schützend über Osiris ausbreitet. Sie bewahrte ihren Sohn Horus so lange vor den Machenschaften des Seth, bis er sein Erbe als rechtmäßiger Thronfolger antreten konnte.

Der Göttin Isis wurden magische Kräfte und eine große Beharrlichkeit zugeschrieben. Mit ihren Fähigkeiten half sie besonders erkrankten Kindern. Ihre Heilmittel wirkten vor allem bei Schlangenbissen und Skorpionstichen. Während des Neuen Reiches wurde das tit-Amulett mit dem Mythos der Isis verbunden. Diese speziell geknotete Gürtelschleife (tit-Knoten) steht vermutlich auch in einem Zusammenhang mit dem Lebenszeichen Anch.

Wegen ihrer mütterlichen Eigenschaften wurde Isis manchmal auch in Gestalt einer Sau gezeigt. Außerdem zählte die Kuh zu einer ihrer Erscheinungsformen – eine Tatsache, die vielleicht ihre verschiedentlichen Verwechslungen mit der Göttin Hathor erklärt. Der Isis-Kult fand

unter der Herrschaft der Römer auch über die Grenzen Ägyptens hinaus große Verbreitung.

Kadesch

Die Göttin Kadesch stammte ursprünglich aus dem vorderasiatischen Raum und wurde im Neuen Reich von den Ägyptern übernommen. Sie bildete mit Min und Reschef eine Göttertriade. Als Göttin des Liebeslebens wird sie meist nackt auf einem Löwen stehend und mit Blumen in den Händen dargestellt.

Maat

Die Göttin Maat ist die Personifizierung der bestehenden Weltordnung. Sie verkörpert sowohl für die Götter als auch für die Menschen Begriffe wie Harmonie, Gerechtigkeit und Wahrheit. Die Straußenfeder auf dem Haupt der Maat wird manchmal auch als eigenständiges Sinnbild für die Göttin verwendet. Die Hieroglyphe ihres Namens stellt einen Thronsockel dar. Dieses Zeichen kann allerdings auch als Urhügel gedeutet werden, aus dem einst alles Leben entsprang. Sie vertrat nicht nur die irdische Weltordnung, sondern stellte die gesamte Ordnung des Universums dar. Relativ spät in ihrer Entwicklungsgeschichte erhielt sie die Bezeichnung „Tochter des Re“.

Darstellungen auf Begräbnispapyri zeigen die Göttin Maat oft bei der Rechtfertigungsprüfung vor dem Totengericht, bei der das Herz des Verstorbenen und die Feder

LINKS
Die Göttin Mut – Muttergöttin der Thebanischen Göttertriade aus Amun, Mut und Chons. Bronzefigur, 18. Dynastie (Britisches Museum)

GANZ LINKS
Goldfigur der Isis, die den Sarkophag des Tutanchamun bewacht. 18. Dynastie, 14. Jh. v. Chr. (Ägyptisches Museum, Kairo)

Begräbnisstele mit dem Abbild der Fruchtbarkeitsgöttin Kadesch, die auf einem Löwen steht und vom Fruchtbarkeitsgott Min und dem semitischen Kriegsgott Reschef umgeben wird (Britisches Museum)

der Wahrheit in zwei Waagschalen gegeneinander aufgewogen werden, um festzustellen, ob der Tote ein Leben im Jenseits verdient hat. Manche vorsitzenden Richter im alten Agypten sollen angeblich während der Prozeßführung eine Figur der Maat bei sich getragen haben.

Merseger

Der Name dieser schlangengestaltigen Ortsgöttin aus den Bergen über dem Tal der Könige bei Theben bedeutet „Die das Schweigen liebt" und ist eine zutreffende Bezeichnung für die Schutzgöttin einer Nekropole. Merseger wurde besonders von den im Tal beschäftigten Arbeitern verehrt, die ihr zu Ehren Inschriften auf den Steinen hinterließen. Sie bescheinigten der Göttin die Macht, mittels magischer Kräfte alle Verbrecher mit Blindheit zu schlagen oder mit Schlangengift zu strafen. Die Göttin zeichnete sich jedoch auch durch ihr gütiges Wesen aus, da sie den Reumütigen mit Heilmitteln zur Seite stand.

Meschenet

Die Geburtsgöttin Meschenet wurde durch eine Art Geburtsziegel verkörpert, auf den sich die ägyptischen Frauen in Hockstellung kauerten, um ihr Kind zu gebären. In manchen Abbildungen wird die Göttin als ein solcher Ziegelstein mit einem weiblichen Kopf oder als Frauengestalt mit einem Ziegelstein auf ihrem Haupt dargestellt. Als Totengöttin verhalf sie den Verstorbenen im Jenseits zur Wiedergeburt und nahm daher auch am Totengericht teil. Sie besaß angeblich die Fähigkeit, bei der Geburt eines Kindes bereits sein Schicksal zu bestimmen.

Min

Gott der männlichen Zeugungskraft und der Fruchtbarkeit. Sein Kultzeichen gleicht einem Blitzstrahl und konnte bisher noch nicht gedeutet werden. Die männliche Potenz nimmt in Min, einem Gott mit geschlossenen Beinen und erigiertem Phallus, jedoch sichtbare Gestalt an. Seinen rechten Arm hebt er angewinkelt nach oben und hält mit seiner Hand eine Geißel. Die Geste seiner Hand wurde oftmals als mögliche Andeutung einer sexuellen Penetration interpretiert. Auf seinem Haupt trägt er eine Krone mit zwei aufragenden Federn und einem langen Band, das ihm über den Rücken nach hinten fällt. Allem Anschein nach war er in früherer Zeit ein Ackerbaugott gewesen, dessen Fähigkeit, für reiche Ernten und Fruchtbarkeit zu sorgen, sich später in seiner großen Zeugungskraft widerspiegelte. Auf manchen Darstellungen bietet Min Opfergaben in Form von Lattichpflanzen dar, die als Aphrodisiakum und Symbol der Potenz galten, was möglicherweise auf ihre Blattform oder vielmehr auf ihren milchigen Saft, der an Samenflüssigkeit erinnert, zurückzuführen war. Die Pharaonen des Neuen Reiches wohnten den Festlichkeiten zu Ehren des Min bei, da diese Teil eines feierlichen Rituals waren, mit dem die glückliche Erneuerung des Königtums feierlich begangen wurde.

Month

Dieser falkenköpfige Kriegsgott trägt gewöhnlich als Kopfschmuck eine Sonnenscheibe und zwei Federn. Während der 11. Dynastie, als manche Könige den Namen Mentuhotep annahmen, was soviel bedeutet wie „Month ist zufrieden“, war Theben die Hauptkultstätte des Month. Dieser Kult wurde jedoch nach und nach durch die Amunreligion abgelöst. Der Kriegsgott zeichnete sich dadurch aus, daß er die Gegenspieler der Götter besiegte und somit ebenfalls den ägyptischen Königen

Kopf der Göttin Mut mit dem Kopfschmuck der Hathor. Fayence (Britisches Museum)

zum Sieg über ihre Feinde verhalf. Daher wurde er zum Symbol für die eher kriegerischen Eigenschaften der Pharaonen. Später galt der weiße Bucchis-Stier mit schwarzem Gesicht als Erscheinungsform und irdisches Abbild des Falkengottes Month.

Mut

Die thebanische Göttin Mut erscheint meist als Frauengestalt in einem bunten Gewand. Auf ihrem Haupt trägt sie einen Kopfschmuck in Form eines Geiers, über dem die Doppelkrone von Ober- und Unterägypten sitzt. In der Hand hält sie das Papyrus- oder Lilienzepter Oberägyptens. Sie erlangte in Theben eine solche Bedeutung, daß sie Amunet als Gattin des Amun abloste und, ebenso wie die zwei anderen großen Muttergöttinnen Isis und Hathor, symbolisch zur göttlichen Mutter der Könige auf Erden erklärt wurde. Mut und Amun zeugten den Gott Chons. Durch die Erhebung Amuns zum Sonnengott Re wurde Mut zum Auge des Re und präsentierte sich als löwenköpfige Gottheit, weil dies die Gestalt ist, in der sich das

Fayence-Figur einer Sau mit Ferkeln, die der Himmelsgöttin Nut geweiht war. Saitische Zeit, um 600 v. Chr. (Britisches Museum)

Auge des Re manifestiert. Die Göttin Mut wurde auch durch eine Katze verkörpert und verschmolz daher mit der Katzengöttin Bastet zur Mut-Bastet.

Nechbet

Die Geiergöttin Nechbet war ursprünglich eine Ortsgöttin, deren Bedeutung in einem solchen Maße wuchs, daß sie schließlich das Emblem Oberägyptens zierte, so wie die Schlangengöttin Wadjet Unterägypten verkörperte. Der Geier und die Schlange symbolisierten die beiden Landeshälften und wurden daher auf den königlichen Insignien dargestellt. Die Göttin Nechbet erscheint oft als Geier mit ausgebreiteten Flügeln, der die Symbole der Ewigkeit in seinen Krallen hält. Er kann auch die Rolle eines Schutzzeichens übernehmen, wenn er seinen Flügel nach vorne gestreckt hält. In erster Linie war Nechbet eine Muttergöttin und eine Schutzgottheit für den jungen König.

Nefertem

Der Gott der urzeitlichen Lotosblüte, die am Anfang der

Bemalte Tonfigur des Osiris als Mumie mit den königlichen Insignien Krummstab und Geißel (Britisches Museum)

Schöpfung aus dem Urgewässer Nun entsprang. Eine Version des Mythos besagt, daß die Sonne zum ersten Mal aus dieser Blüte zum Himmel aufstieg. In den Pyramidentexten wird Nefertem als „Blume an der Nase des Re" bezeichnet. Manchmal gilt er ebenso wie Horus als Sonnenkind. Er trägt gewöhnlich einen Kopfschmuck in Form einer Lotosblüte, die zuweilen mit zwei Federn geschmückt ist. Oft erscheint er als löwenköpfiger Gott und wurde daher in Memphis als Sohn der Löwengöttin Sachmet verehrt.

Neith

Der Kultort der ägyptischen Schöpfergöttin Neith lag in der Stadt Sais im Deltagebiet. Ihre frühesten Kultsymbole waren zwei gekreuzte Pfeile mit einem Schild. Sie trägt meist die rote Krone Unterägyptens. Mit dem Beginn des Alten Reiches wurde sie die Gefährtin des Seth, mit dem sie den Krokodilgott Sobek zeugte. Zu verschiedenen Zeiten der Geschichte wurde ihre große Bedeutung als Schöpfergöttin hervorgehoben. So soll sie als Urgöttin der Ursprung jeglicher Geburt gewesen sein. Sie war eine der vier Totengöttinnen, die an der Bahre des Osiris Wache hielten. Bei den Bestattungsbräuchen war sie für die Leinentücher der Mumien verantwortlich, da sie als Erfinderin der Webkünste galt.

Nephtys

Die Göttin Nephtys war eine der neun Gottheiten von Heliopolis (Neunheit von Heliopolis) und eines der vier Kinder der Nut und des Geb. Nach dem Vorbild der Geschwisterehe zwischen Isis und Osiris vermählte sich Nephtys mit ihrem Bruder Seth. In der Osiris-Legende stand sie dennoch der Göttin Isis in ihrem Kampf gegen Seth zur Seite. Gemeinsam mit Isis geleitete sie die Könige in das Reich der Toten und trauerte um sie, wie sie es um ihren Bruder Osiris getan hatte.

Nun

Der Gott Nun verkörpert die Urgewässer des Nichts, aus denen in den Entstehungsmythen der Schöpfergott hervorging. Sein Beiname „Vater der Götter" betont vielmehr seine in die vergangene Zeit des Chaos zurückreichende Rolle als Urgott statt seine tatsächliche Stellung unter den Göttern. Sobald der Sonnengott Atum aus dem Wasser des Nun entstiegen war, hatte der Gott Nun seine Aufgabe erfüllt. Seine einzige Rolle bestand darin, mit seiner Präsenz die Gefahr in Erinnerung zu rufen, daß er den Kosmos ein weiteres Mal ins Urchaos stürzen könnte. Er galt aber auch als wohltätiger Gott, der den heiligen Seen innerhalb der Tempelanlagen seinen Namen schenkte.

Nut

Sie ist die Himmelsgöttin aus der Schöpfungslehre von Heliopolis. Nut war die Schwester des Erdgottes Geb, mit dem sie vier Kinder in die Welt setzte: Osiris, Isis, Seth und Nephtys. Anschließend wurde sie von Geb durch den Gott der Luft Schu getrennt. Bildliche Darstellungen zeigen sie, wie sie sich mit Händen und Füßen, die die vier Himmelsrichtungen symbolisieren, in gebeugter Haltung über die Erde wölbt und so das Chaos bändigt, aus dem das Universum entstanden ist. Sie galt außerdem als Mutter des Sonnengottes Re, da sie ihn jeden Abend in sich aufnahm, damit er nachts ihren Leib durchquerte, um am nächsten Morgen neugeboren aus ihrem Körper hervorzugehen. Die Göttin Nut wurde ebenfalls als Totengottheit verehrt, die den Leichnam des Königs in ihren Armen empfing. In dieser Rolle wurde sie auf der Innenseite der Sargdeckel in gewölbter Stellung, über den Verstorbenen gebeugt, dargestellt. Hiermit wurde die Hoffnung verknüpft, durch den Leib der Nut mit dem Neubeginn der Sonnenreise zu neuem Leben erweckt zu werden.

Onuris

Der Jagdgott Onuris galt auch als Himmelsgott und wurde daher manchmal mit dem Luftgott Schu gleichgesetzt. Er erscheint meist als bärtiger Mann mit einem Schwert und vier hochaufragenden Federn auf seinem Haupt.

Osiris

Er zählt zu den bedeutendsten Gottheiten des alten Ägypten. Seine einstige Rolle als Fruchtbarkeitsgott zeigt sich in der Symbolik des ihm zugeordneten Getreidekorns mit seinem natürlichen Wachstumskreislauf: die Saatkörner werden in die Erde gegeben (Begräbnis), ruhen einige Zeit im Dunkeln (Unterwelt) und keimen dann zu einer neuen Saat auf (Auferstehung). Nachdem sich der Osiris-Kult immer weiter ausbreitete, nahm Osiris das Wesen anderer Gottheiten an, die er schließlich ganz verdrängte. Osiris hatte einen starken Bezug zum Königtum und wurde daher gewöhnlich mit den Königsinsignien Geißel und Krummstab dargestellt. Er war der Sohn der Himmelsgöttin Nut und des Erdgottes Geb und der erste König Ägyptens. Als Osiris von seinem mißgünstigen Bruder Seth ermordet wurde, erweckte seine Gattin Isis ihn wieder zum Leben. Sie zeugten den Sohn Horus, der später seine Herrschaft antreten sollte. Die Zauberkräfte der Isis bewahrten den Leichnam des Osiris vor der Verwesung, so daß der Gott in der Unterwelt zu neuem Leben auferstehen konnte. Er herrschte über das Reich der Toten, bewachte den Zutritt der Verstorbenen in die Unterwelt und verkörperte die Sonne in ihrer nächtlichen Form. Als Symbol der Wiederauferstehung wurde Osiris von zahlreichen Anhängern seines Kults verehrt.

OBEN
Deckel eines Bronzegefäßes zur Aufbewahrung eines toten Skorpions. Die Figur verkörpert die Göttin Selket (Serket). Sie ist eine der Schutzgöttinnen, die an den Särgen und Kanopenkrügen Wache halten (Britisches Museum)

GEGENÜBERLIEGENDE SEITE
Falkenkopf mit der Ägis des Re (breiter Halsschmuck) und der Sonnenscheibe. Bemalte Bronzefigur mit Goldverzierungen, um 590 v. Chr. (Britisches Museum)

Ptah

Der Schöpfergott Ptah, dessen Hauptkultort sich in Memphis befand, wird meist als Mann in einem engsitzenden Gewand mit kahlgeschorenem Haupt und einer enganliegenden Haube dargestellt. In seinen Händen hält er einen Stab, der eine Kombination des Anch-Zeichens und des Was-Zepters ist, Symbol für Macht und Kraft. Ab dem Mittleren Reich trägt er einen steif abstehenden Kinnbart. Er galt in erster Linie als Gott der Handwerker und soll die Kunst der Metallbearbeitung und der Bildhauerei erfunden haben. Folglich wurde Imhotep, der Erbauer der Stufenpyramide, als Sohn des Gottes Ptah betrachtet. Die Schöpfungslehre von Memphis besagt – vielleicht in Abgrenzung zum Göttermythos von Heliopolis –, daß Ptah mit den Schöpferorganen Herz und Zunge, durch die Kraft seiner Gedanken und die Macht seiner Worte die Welt erschaffen habe. Während des Alten Reiches verschmolz sein Kult mit einer weiteren Gottheit aus Memphis, dem falkengestaltigen Sokar. Aus dieser Verbindung ging der Totengott Ptah-Sokar hervor. Dieses Wesen übernahm naturgemäß einige der Attribute des Totengottes Osiris und entwickelte sich zur Gottheit Ptah-Sokar-Osiris, deren Abbild oft auf Grabbeigaben von Privatpersonen zu finden war.

Re

Der Schöpfer- und Sonnengott Re, dessen Hauptkultstätte in Heliopolis lag, erschien meist in Gestalt eines Falken mit einer Sonnenscheibe auf dem Kopf, um die sich die Schlangengöttin windet, welche die todbringenden Kräfte des Re symbolisierte. In der Unterwelt trat er als widderköpfiger Gott auf. Während der 4. Dynastie gewann sein Kult stark an Bedeutung, so daß die Herrscher der 5. Dynastie ihrem Namen den Beinamen Re hinzufügten, wie z.B. Sahure, Mencheperre oder Ramses. Die Religion des Re wurde so mächtig, daß viele der bedeutendsten Gottheiten in den Sonnenkult aufgenommen wurden und mit Re verschmolzen. So entstand beispielsweise der Gott Amun-Re. In der Götterlehre von Heliopolis verband er sich mit dem Schöpfergott Atum zu Atum-Re. Unter der Herrschaft des Echnaton wurde der Sonnengott zur obersten Gottheit erklärt, so daß er in beinahe monotheistischer Form verehrt wurde. Re überquerte den Himmel bei Tag in seiner Sonnenbarke (mandjet) und bei Nacht in sei-

Bronzefigur des Krokodilgottes Sobek, Ptolemäische Periode (Britisches Museum)

ner Mondbarke (meseket). Im Laufe der Zeit formte sich eine Einheit aus Osiris und Re, wenn letzterer nachts die Unterwelt durchreiste, „Re ist der, der in Osiris eingegangen ist – Osiris ist der, der in Re eingegangen ist."

Sachmet

Der Name der Löwengöttin Sachmet bedeutet „die Mächtige". Sie galt als Tochter des Re und verkörperte das „Auge des Re". Sie wurde daher mit der gefährlichen Uräusschlange des Königs verbunden. In Memphis trat Sachmet als Gefährtin des Seth auf. Die in Frauengestalt mit einem Löwenkopf dargestellte Göttin besaß ein kriegerisches und zerstörerisches Wesen. Die Pharaonen sahen in ihr ein Symbol für ihren eigenen Kampfesmut. Aufgrund ihrer Löwengestalt wurde Sachmet oft anderen Gottheiten zugeordnet, insbesondere der Göttin Mut.

Schu

Der Luftgott Schu und seine Schwester Tefnet waren die ersten beiden Gottheiten, die Atum, der Sonnengott von Heliopolis, erschaffen hatte. Schu war entweder aus dem Samen des Atum hervorgegangen oder als Atem aus der Nase des Atum entstanden. Als Gott der Luft verkörperte er den Raum zwischen Himmel und Erde, den die Sonnenstrahlen durchdringen. Er stützte seine Tochter Nut, die Göttin des Himmels, väterlich nach oben und trennte sie damit von der Erde.

Selket (Serket)

Das Symboltier der Göttin Selket ist der Skorpion. Sie erscheint meist in Frauengestalt und trägt einen giftigen Skorpion auf ihrem Haupt. Ihr Name bezeichnet ihre Fähigkeit, „die Kehle atmen zu lassen", beispielsweise nach einem Skorpionstich. Sie war die Schutzgöttin der falkenköpfigen Kanope und zählte zu den vier Gottheiten, die an den königlichen Särgen Wache hielten.

Serapis
Der Gott Serapis verkörperte ursprünglich den Stiergott Apis aus Memphis, entwickelte sich dann aber unter Ptolemaios I. zu einer von den Griechen und Römern verehrten Gottheit. Er trägt meist ein korbähnliches Getreidemaß auf dem Kopf, das seine Rolle bei der Getreideversorgung symbolhaft unterstreicht. Serapis galt auch als Gott der Unterwelt und vereinte die Eigenschaften des Osiris und mehrerer griechischer Gottheiten in sich. Sein Kult verbreitete sich im ganzen Römischen Reich, konnte sich allerdings nicht so durchsetzen wie der Isis-Kult.

Seth
Der Gott Seth galt als Stifter von Chaos und Unfrieden und wurde durch ein seltsames Tier mit einer langen Nase, aufgerichteten, eckig abgeschnittenen Ohren und einem hochgestellten, pfeilähnlichen Schwanz verkörpert. Er war eines der vier Kinder der Nut und des Geb und ermordete seinen älteren Bruder Osiris, um sich der Herrschaft über das Königreich Ägypten zu bemächtigen. Nach einem langen Wettstreit mit Horus, dem Sohn des Osiris, mußte Seth auf seine Thronansprüche verzichten. Während dieses Zweikampfes war sich Seth der Unterstützung des Re gewiß, da dieser wußte, daß nur Seth die Apophisschlange besiegen konnte, die jede Nacht die Sonnenbarke des Re bedrohte.

Sobek (Suchos)
Der Krokodilgott Sobek wird als Krokodil oder auch in Menschengestalt mit einem Krokodilkopf dargestellt. Im Alten Reich galt er als Sohn der Göttin Neith. Sein Kult war besonders im Fayum verbreitet und ging im Laufe der Zeit in der Amunreligion auf, so daß Sobek auch als Verkörperung des Sonnengottes verehrt wurde.

Sokar – siehe Ptah

Tefnet
Die Göttin Tefnet war die Schwester des Luftgottes Schu. Die beiden Geschwister waren die ersten Gottheiten, die aus dem Körper des Atum hervorgegangen sind.

Thot
Der Mondgott Thot verkörperte das Wissen und die Schreibkunst und wurde daher insbesondere von den Schreibern verehrt. Da er wahrscheinlich irgendwann mit einer anderen Gottheit verschmolzen war, hatte er zwei Erscheinungsformen – den Pavian und den Ibis. Darstellungen in verschiedenen Papyri zeigen ihn in seiner ibisköpfigen Form als Schreiber beim Totengericht, der die Ergebnisse des Wiegevorgangs des Herzens des Verstorbenen schriftlich festhält. Thot galt außerdem als Wächter der Toten, denen er auf ihrer Reise durch die Unterwelt zur Seite stand.

Toeris (Taweret)
Die Nilpferdgöttin Toeris half den Frauen bei der Entbindung. Sie war zwar angeblich die Geliebte des Seth, unterstützte aber im Streit zwischen Seth und Horus letzteren und offenbarte mit dieser Geste ihr gutmütiges Wesen. Toeris besaß den Kopf eines Nilpferdes, die Beine und Arme eines Löwen, den Schwanz eines Krokodils und die hängenden Brüste einer reifen Frau. Diese Erscheinungsform sollte bei der Entbindung die bösen Geister vertreiben und die Frauen schützen. Trotz ihres Äußeren genoß die Göttin Toeris beim einfachen Volk großes Ansehen.

Triaden
Der Begriff Triade bezeichnet eine Gruppe aus drei Gottheiten, die gewöhnlich eine göttliche Familie aus Vater, Mutter und Sohn bildeten. Diese wurde als Einheit in einer eigenen Kultstätte verehrt. Solche Triaden wurden oft bewußt zusammengestellt, da so unabhängige Gottheiten mit einem eigenständigen Kult in einem bestimmten Gebiet zu einem Götterkreis zusammengefaßt werden konnten. Beispiele für diese Dreiheiten sind Amun, Mut und Chons in Theben, Ptah, Sachmet und Nefertem in Memphis sowie Chnum, Satis und Anuket auf der Insel Elephantine. Am bekanntesten ist die Triade Osiris, Isis und Horus, wobei diese drei Gottheiten in eigenen Kultstätten verehrt wurden.

Upuaut
Der Name dieses schakalköpfigen Gottes bedeutet „Wegeöffner“ und dürfte sich auf die Eroberungszüge der Herrscher und den Einzug in die Unterwelt beziehen, da Upuaut von Zeit zu Zeit für den König in den Kampf zog. Er nahm außerdem beim Begräbnis des Königs am Ritual der Mundöffnung teil und geleitete den Herrscher in das Reich der Toten.

Wadjet (Edjo, Uto)
Wadjet war die Schlangengöttin des Deltagebiets und besaß in Buto eine Kultstätte. Sie wird meist als Schlangen- oder Frauengestalt mit der roten Krone Unterägyptens dargestellt. Sie verkörpert die sich aufbäumende Uräusschlange an der Stirn des Pharaos, die den König vor seinen Feinden schützen soll.

ÄGYPTEN UNTER DER ZEIT DER GRIECHEN, RÖMER UND KOPTEN

RECHTS
Der als Krieger ausgerüstete Gott Bes. Bemalte Tonfigur, Römische Periode (Musée Boreley, Marseille)

GEGENÜBERLIEGENDE SEITE
Dieser Bronzekrug mit Goldverzierungen aus der Römischen Periode wurde im ungarischen Sopron gefunden. Das Motiv zeigt die Froschgöttin Heket zwischen Isis und Thot. Dieser Krug wurde vermutlich für die Zeremonien des Isis-Kults verwendet, der sich zu Beginn des ersten Jahrtausends n. Chr. im Römischen Reich ausgebreitet hatte. (Sopron Museum, Ungarn)

Unter den Ptolemäern wurde die Stadt Alexandria an der Mittelmeerküste Reichshauptstadt und entwickelte sich zu einer Hochburg der Wissenschaften und zu einem wichtigen Handelszentrum. Bereits vor der Zeit Alexanders des Großen gab es in Ägypten eine größere griechische Bevölkerungsgruppe. Während der Herrschaft der Ptolemäer strömten nun immer mehr Griechen ins Land, die sich als Händler niederließen und besonders im Fayum an Einfluß gewannen. Die ptolemäischen Herrscher förderten die griechische Kultur in Ägypten. Gleichzeitig unterstützten sie in ihrer Funktion als Pharaonen die ägyptische Priesterschaft, restaurierten zahlreiche Tempel und gründeten neue Heiligtümer.

Ptolemaios I. führte den Serapis-Kult ein, in dem sich ägyptische und griechische Götter zu einer Gottheit verbanden, und errichtete in Alexandria ihre Hauptkultstätte, das Serapeum. Der Gott Serapis war aus einer Verschmelzung der ägyptischen Götter Osiris und Apis mit den griechischen Göttern Zeus, Hades, Asklepios und anderen Gottheiten entstanden. Bei diesem Kult wurden bewußt Elemente der ägyptischen Religion beibehalten und mit Merkmalen der griechischen Götterwelt vermischt. Dieser Ansatz erwies sich als sehr erfolgreich, da der Serapis-Kult nicht nur in Ägypten beliebt war, sondern sich auch in anderen Teilen des griechischen und römischen Reichs ausbreitete. Im 3. Jahrhundert v. Chr. entstand sogar auf der heiligen griechischen Insel Delos eine Kultstätte des Serapis. Diese Gottheit hatte für alle Völker und Nationen die Bedeutung eines Allgottes, da er die verschiedensten Attribute der Göttlichkeit wie Sonne, Fruchtbarkeit, Heilkunst und Totenwache verkörperte. Gewöhnlich wird er mit einem korbähnlichen Getreidemaß auf dem Kopf gezeigt. Durch dieses Attribut wird eine Verbindung zum Getreide- und Fruchtbarkeitsgott Osiris geschaffen.

Der griechische Einfluß auf die ägyptische Kultur zeigte sich deutlich in der Einführung der griechischen Schrift, wodurch die demotische und hieratische Schrift sowie die Hieroglyphen allmählich verdrängt wurden.

Unter der Herrschaft der Ptolemäer diente das Griechische als Amts-, Handels- und Schriftsprache. Nachdem die Römer in Ägypten die Macht ergriffen hatten, wurde die lateinische Sprache in den Verwaltungsapparat eingeführt, während das Griechische in allen geistigen Bereichen die Hauptsprache blieb.

Die römischen Kaiser residierten nicht wie ihre ptolemäischen Vorgänger in Ägypten, sondern betrachteten das Land vielmehr als einträgliche Provinz, die Rom Steuergelder und Nahrungsmittel lieferte. Da die römischen Herrscher von Zeit zu Zeit nach Ägypten reisten, finden sich zahlreiche Tempelreliefs, auf denen die Kaiser als ägyptische Könige dargestellt sind, die Hathor oder Isis als göttliche Mütter verehren. Einige Kaiser, insbesondere Hadrian und Trajan, restaurierten sogar Tempelanlagen und zeigten ein gewisses Interesse für die ägyptische Kultur und Religion.

Nachdem über einen langen Zeitraum hinweg eine größere jüdische Gemeinschaft in Ägypten gelebt hatte,

1912
6-8
109
51100

LINKS
Frühe koptische Grabstele, etwa 3. Jh. n. Chr. Bemerkenswert sind die griechische Schrift und die Abbildung des Schakals – Symbol des Anubis (Koptisches Museum, Kairo)

GEGENÜBERLIEGENDE SEITE
Horus als römischer Kaiser, 1. Jh. n. Chr. (Britisches Museum)

führte der Evangelist Markus im ersten Jahrhundert n. Chr. unter der Herrschaft von Nero das Christentum ein, das sich trotz der Christenverfolgungen durch einige römische Kaiser schnell ausbreitete. Einige Christenführer entschieden sich für ein Leben der Einkehr und Abgeschiedenheit in der Wüste, zum Teil, um den Verfolgungen zu entgehen. Dieses zurückgezogene Dasein markierte den Beginn des klösterlichen Lebens und des asketischen Mönchtums.

Zunächst übernahmen die Christen die altägyptischen Bestattungsbräuche. Sogar die frühen Zeugnisse koptischer Totenkunst enthalten Hinweise auf den Totengott Anubis, das Anch-Lebenszeichen oder andere Symbole. Während der Herrschaft der Römer wurde die Mumifizierung weiterhin praktiziert, und die Mumienbildnisse aus dieser Zeit zeichnen sich durch eine faszinierende Verschmelzung von traditioneller ägyptischer Kunst mit Elementen des hellenistischen Stils aus.

Seit der Zeit der letzten ägyptischen Dynastien bis zur Herrschaft der Ptolemäer hatte der Isis-Kult immer mehr an Bedeutung gewonnen und breitete sich schließlich im gesamten römischen Reich aus. Man entdeckte sogar unter der Asche von Pompeji einen Tempel der Isis und fand in weiten Teilen der römischen Welt Zeugnisse des Isis-Kults.

Mit der Christianisierung des römischen Reiches verlor die altägyptische Religion an Einfluß. Die Christen wandelten viele Tempel in Klöster um oder errichteten innerhalb der alten Tempelanlagen eigene Kirchen.

LINKS
Grabgemälde mit dem Bildnis einer Frau, die ein Kreuz in Form eines Anch-Zeichens hält. Frühkoptische Periode, 3. Jh. n. Chr. (Louvre)

GEGENÜBERLIEGENDE SEITE
Totenportrait einer jungen Frau aus dem Fayum. Temperamalerei, 2. Jh. n. Chr. (Nationales Archäologisches Museum, Florenz)

Die neuen christlichen Bestattungsbräuche unterschieden sich von den althergebrachten der Ägypter vor allem dadurch, daß der Verstorbene weniger Grabbeigaben erhielt. Einige ägyptische Kultstätten, wie der Tempel der Isis in Philae bei Assuan, blieben bestehen und hielten den Isis-Kult bis zur Herrschaft des Kaisers Justitian im 6. Jahrhundert n. Chr. aufrecht. Die Schließung dieses Tempels besiegelte ein für allemal das Ende der altägyptischen Religionsausübung.

DIE ÄGYPTISCHEN DYNASTIEN UND IHRE HERRSCHER

Die Angaben der Jahreszahlen bis zur 27. Dynastie sind keine exakt belegten Daten.

Frühzeit 3000–2650

1. Dynastie 3000–2760

Narmer, Aha, Djer, Djet, Den (Dewen), Königin Merneith, Anedjib (Adjib), Semerchet, Qaa

2. Dynastie 2760–2650

Hetepsechemui, Nebre (Reneb), Ninetjer, Wenegnebti, Sened, Preisen, Chasechemui

Altes Reich 2650–2150

3. Dynastie 2650–2580

Sanacht, Djoser, Sechemchet, Chaba, Huni

4. Dynastie 2580–2465

Snofru	2580–2553
Cheops	2553–2530
Djedefre	2530–2522
Chepren	2522–2496
Bafre	2496–2489
Mykerinos	2489–2471
Schepseskaf	2467–2465

5. Dynastie 2465–2328

Userkaf	2465–2458
Sahure	2458–2446
Neferikare	2446–2427
Schepseskare	2427–2420
Neferefre	2420–2419
Niuserre	2419–2396
Menkauhor	2396–2388
Djedkare	2388–2360
Unas	2360–2328

6. Dynastie 2328–2150

Teti	2328–2296
Userkare	2296–2281
Pepi I.	2281–2261
Merenre (Antiemsaf)	2261–2255
Pepi II.	2255–2161
Königin Nitokris	2161–2150

Erste Zwischenzeit 2150–2040

7. und 8. Dynastie 2150–2100

9. und 10. Dynastie 2140–2133

(Hauptstadt Herakleopolis)
Cheti (Meriibre)
Cheti (Wahkare)
Merikare
Iti

11. Dynastie 2133–2040

(Hauptstadt Theben)

Antef I.	2133–2118
Antef II.	2118–2069
Antef III.	2069–2061
Mentuhotep I	2061–2040

Mittleres Reich 2040–1680

11. Dynastie 2040–1991

Mentuhotep II.	2040–1998
Mentuhotep III.	1998–1991

12. Dynastie 1991–1786

Amenemhet I.	1991–1961
Sesostris I.	1971–1927
Amenemhet II.	1927–1895
Sesostris II.	1895–1878
Sesostris III.	1878–1840
Amenemhet III.	1840–1797
Amenemhet IV.	1797–1786

13. Dynastie 1786–1680 und danach

Zahlreiche Herrscher, unter anderem: Hor, Chendjer (Chanzir), Sebekhotep III., Neferhotep I., Sebekhotep IV.

14. Dynastie 1760–1680

Zweite Zwischenzeit ca. 1680–1580

15. Dynastie 1680–1580

Hyksos-Könige, die im Deltagebiet herrschten: Salitis, Chijaran (Chajan), Apopi (Apophis), Chamudi

16. Dynastie 1680–1580

Hyksos-Könige, die zeitgleich mit der 15. Dynastie im Deltagebiet herrschten.

17. Dynastie 1680–1580

Herrscher in Theben, unter anderem: Antef, Taa I., Taa II., Kamose

Neues Reich 1580–1075

18. Dynastie 1580–1321

Ahmose	1580–1550
Amenophis I.	1550–1528
Thutmosis I.	1528–1515
Thutmosis II.	1515–1502
Thutmosis III.	1502–1448
Hatschepsut	1502–1481
Amenophis II.	1448–1422
Thutmosis IV.	1422–1413
Amenophis III.	1413–1375
Echnaton (Amenophis IV.)	1375–1358
Semenchkare	1360–1358
Tutenchamun	1358–1350
Aja	1350–1346
Horemhab	1346–1321

19. Dynastie 1321–1200

Ramses I.	1321–1319
Sethos I.	1319–1304
Ramses II.	1304–1238
Merenptah	1238–1219
Amenmesse	1219–1216
Sethos II.	1216–1210
Siptah	1210–1204
Tausret	1204–1200

20. Dynastie 1200–1075

Sethnacht	1200–1198
Ramses III.	1198–1166
Ramses IV.	1166–1159
Ramses V.	1159–1154
Ramses VI.	1154–1149
Ramses VII.	1149–1142
Ramses VIII.	1142–1138
Ramses IX.	1138–1107
Ramses X.	1107–1104
Ramses XI.	1104–1075

Dritte Zwischenzeit 1075–740

21. Dynastie 1075–945
(Hauptstadt Tanis)

Smendes	1075–1043
Amenemnesu	1043–1039
Psusennes I.	1039–991
Amenemope	993–984
Osorkon der Ältere	984–978
Siamun	978–959
Psusennes II.	959–945

Hohepriester in Theben herrschten zeitgleich mit der oben angeführten Dynastie aus Tanis: Herihor, Pianch, Pinudjem I., Masaharta, Mencheperre, Pinudjem II.

22. Dynastie 945–730
(Hauptstadt Bubastis)

Scheschonk I.	945–924
Osorkon I.	924–889
Scheschonk II.	ca. 890
Takelot	889–874
Osorkon II.	874–850
Takelot II.	850–825
Scheschonk III.	825–773
Pami	773–767
Scheschonk IV.	767–730
Osorkon IV.	730–715

23. Dynastie 817–730
Verschiedene Herrscherhäuser regierten von einzelnen Zentren aus, wie z.B. Herakleopolis, Hermopolis oder Tanis.

24. Dynastie 740–715

Spätzeit 740–343

Dynastie 740–655
(Kuschiten, Hauptstadt Theben)

Pije	740–716
Schabako	716–701
Schebitku	701–690
Taharka	690–663
Tanutamani	663–656

26. Dynastie 663–525
(Hauptstadt Sais)

Psammetich I.	663–610
Necho II.	610–595
Psammetich II.	595–589
Apries	589–570
Ahmose II. (Amasis)	570–526
Psammetich III.	526–525

27. Dynastie 525–404
(Persische Herrschaft)

Kambyses	525–522
Dareios I.	522–486
Xerxes I.	362–360
Nektanebos II.	360–343

28. Dynastie 404–398
(Hauptstadt Sais)

Amyrtaios	404–398

29. Dynastie 398-380
(Hauptstadt Mendes)

Nepherites I.	398–393
Achoris (Hakoris)	393–380
Nepherites II.	ca. 380

30. Dynastie 380–343

Nektanebos I.	380–362
Tachos	362–360
Nektanebos II.	360–343

Persische Herrscher 343–332

Artaxerxes III.	343–332
Arses	338–336
Dareios III.	336–332

Herrschaft der Makedonier und Ptolemäer 332–30

Makedonische Herrscher 332–305

Alexander der Große	332–323
Philippos Arrhidaios	323–317
Alexander IV.	317–310

Ptolemäische Herrscher

Ptolemaios I. Soter I.	305–285
Ptolemaios II. Philadelphos	285–246
Ptolemaios III. Euregetes I.	246–221
Ptolemaios IV. Philipator	221–205
Ptolemaios V. Epiphanes	205–180
Ptolemaios VI. Philometor	180–145
Ptolemaios VII. Neos Philometor	145–170
Ptolemaios VIII. Euregetes II.	170–116
Ptolemaios IX. Soter II.	116–107
Ptolemaios X. Alexander I.	107–88
Ptolemaios IX. Soter II. (zweite Regentschaft)	88–80
Ptolemaios XI. Alexander II.	80
Ptolemaios XII. Neos Dionysos	80–51
Kleopatra VII. Philipator	51–30
Ptolemaios XIII.	51–47
Ptolemaios XIV.	47–44
Ptolemaios XV. Caesarion	44–30

Herrschaft der Römer und Byzantiner 30 v. Chr. bis 642 n. Chr.
Ab 30 v. Chr. bis zur Eroberung Ägyptens durch die Araber in den Jahren 639–642 n. Chr. wird das Reich von römischen und byzantinischen Kaisern beherrscht.

INDEX

Die kursiv gedruckten Seitenzahlen beziehen sich auf die Abbildungen.

A

Abydos 13, 35, 58, 87
Ach 46
Achetaten 83
Achtheit von Hermopolis 53 ff., 88
Ahmose I. 17, 80
Ahmose-Nefertari 80, *80*
Aker 80
Alexander der Große 13, 17, 20, 102
Alexandria 10, 20, 23, 102
Amarna (siehe Echnaton) 80
Amenophis I. 80
Amenophis III. 17, 25, *26*, 83
Amenophis IV. (siehe Echnaton) 83
Amenhotep 80
Ammit *76*, 80
Amun 7, 17, 22, 34 ff., 41, 54 f., 70, 80 f., *81*, 87, 91, 94, 101
Amun-Kamutef 80
Amun-Re 55, *57*, 72, 78, 80, 99
Anat 67
Anch-Rechu *4, 42*
Anch-Zeichen *15, 74, 79,* 83, 90, 99, 105, *107*
Anchesenamun (Anchesenpaaton) 83
Anhai *47, 77, 79*
Anhai, Papyrus der *52*, 78
Ani *4, 53, 71,* 72, *72 f., 75,* 78, *78*
Ani, Papyrus des *4, 51, 53, 59, 74 f.*
Anezti (Anedjti) 58
Anubis *72, 76,* 81, *81,* 87, 89, 105
Anuket 81, 101
Apis (siehe auch Serapis) 81, *82*, 101 f.
Apophisschlange 67, 81 f., 101
Araber 13, 22
Artaxerxes III. 17
Asklepios (siehe auch Imhotep) 90, 102
Assuan 23, 86
Assuan-Staudamm 10, 11, 88
Assyrer 17, 81
Astarte 67
Athu *41*
Aton 41, 80, 83
Atum 7, 35, 50, 53, 55, 58, 85 f., 97, 99, 100 f.
Atum-Re 99
Augustus 21

B

Ba 46 f., *46 f.,* 70, 75
Bastet 46, *84,* 84 f., 95
Benben-Stein 50, 53, *79*
Benu-Vogel 53, 73
Bes *85,* 85 f., *102*
Beset 86
Binsengefilde (siehe auch Unterwelt) 47, 70, *78*
Bonaparte, Napoleon 23
Bubastis 46, 85
Bucchis 94
Byzantinisches Reich 22

C

Caesar, Julius 20 f., 22
Caesarion 21, *22*
Champollion, Jean François 27
Cheops 15
Chepri *52,* 53, *54,* 73, 86
Chnum 35, 56 f., 81, 86, 88, 101
Chons 73, 80, *81*, 87, 91, 94, 101
Chontamenti (siehe auch Anubis und Osiris) 58, 87
Christentum 22 f., 105

D

Dareios III. 17
Deir el-Medina 80
Delos 102
Demotische Schrift *26,* 26 ff., 72, 102
Dendera 35
Diodor 23
Djed-Pfeiler *74*
Djoser 15, 17, 89
Duamutef (siehe auch Horussöhne) 46, 87, 89
Duat 60

E

Echnaton 17, 41, 43, 80, 99
Edfu 35, 88
Elephantine 23, 35, 57, 86, 101
Esra 86

G

Geb 51 f., *54,* 58, 85, 87, 90, 97, 101
Giseh 23
Göttertriaden 80 f., 91, 101
Griechen 13, 17, 81, 88, 101 f., 105

H

Hades 102
Hadrian 21, 102
Hah 53, 88
Hapi (siehe auch Horussöhne) *43,* 46, 57, 88 f.
Harpokrates (siehe auch Horus) 88, *89*
Hathor *2,* 22, 35, 36, 47, 67 f., 73, 85, *86,* 88, 90, 94, 102
Hatschepsut 4, 17
Hebräer 102
Heket 88, *103*
Heliopolis 15, 35, 75, 83, 85, 100
Heliopolis, Kosmogonie von 50 ff., 53 f., 58, 85, 87, 97, 99
Hephaistos 56
Hermes 53
Hermopolis 46, 55
Hermopolis, Kosmogonie von 53 ff.
Herodot 23, 50, 53
Herrin der Sykomore (siehe auch Hathor) *47,* 88
Hierakonopolis 13, 34
Hieratische Schrift 27 f., 72, 102
Hieroglyphen 6, 22 f., 26 ff., *26 ff.,* 53, 72, 91, 102
Horemhab *4,* 17
Horus *4, 15,* 22, 34 ff., *35, 37, 44,* 51, *61 f., 64 f.,* 64 ff., 67 f., 73 ff., *76,* 87 ff., 90, 97, 101, *104*
Horussöhne *40, 44,* 46, 87 ff., 90

Hunefer, Papyrus des Königs 78
Hyksos-Könige 17, 35

I

Imhotep 15, 89 f., 99
Imiut-Fetisch 81, 90
Imset *43*, 46, 89 f.
Inyotef 27
Isis *4,* 46, 51, 58, *59,* 60 f., *61,* 63 ff., *65,* 66 ff., 73 f., 85, *87,* 87 f., 90 f., *91,* 94, 97, 101 f., *103*

J

Josephus 23
Junu, Heiligtum von 50
Jupiter-Ammon 81
Justitian 21, 107

K

Ka 46 f.
Kadesch 91, *92*
Kairo 10 f., 13, 28
Kanopenkrüge 40, *43*, 45 f., 89
Kanopus 45
Karnak (siehe Tempel des Amun)
Kebechsenef (siehe auch Horussöhne) 46, 89
Kleopatra 21, *22*
Kopten 22, 28, 105
Koptische Sprache 27 f.
Kuk 54
Kuschiten 17

L

Luxor (siehe auch Theben) 7, 10, 13, 34, 36, 81

M

Maat, Göttin 36, *76, 90,* 91
Maat, Sinnbild der Gerechtigkeit 6, 36, *36,* 47, 92
Manetho 13
Mark Anton 21
Mastaba-Gräber 13
Memnon-Kolosse *24 f.*
Memphis 13, 15, 17, 23, 55 f., 58, 81, 88, 97, 99, 101
Memphis, Kosmogonie von 55 f., 99
Menes 13
Mentuhotep I. 17, 93
Meresimen *40*
Merseger 92
Meschenet 93
Min 35 f., 80, 91, *92,* 93
Mittelmeer 10 f., 102
Month 93 f.
Mumifizierung 12, 23, *43,* 43 ff., *45,* 46, 81, 105
Mundöffnung 47, 70, 73, 81, 101
Mut 36, 80, *81, 91, 93,* 94 f., 100 f.
Mutnedjmet, Papyrus der Königin 54

N

Narmer 13
Nasser-See 11
Nebamun 20 f.
Nechbet 95
Nefertem 95, 97, 101
Neith 13, *30,* 34 f., 46, 67, 97, 101
Nemty 67
Nephtys 46, 51, 63, 73 f., 81, 85, 87, 97
Nero 105
Neunheit von Heliopolis (Enneade) 51, 55, 85, 97
Nofretete 83
Nomes 15, 34
Nun 50 ff., *51*, 53 ff., 85, 97
Nut *47,* 51 f., *52, 54,* 58, 85, 87 f., 90, 95, 97, 100 f.

O

Oberägypten 10, 12 f., 14, 29, 31, 37, 94 f.
Onuris 35, 97
Osiris *4,* 23, 35 f., *38, 40, 44,* 47, 51 f., 58, *59,* 60 f., *61,* 63 f., 66, *66,* 68, *69,* 70, 72 ff., 79, 81, 85, 87 f., 90, *96,* 97, 99 f., 101 f.
Osiris-Apis (Serapis) 81
Osiris-Chontamenti *63*
Östliche (Arabische) Wüste 10

P

Pensenhor 44, *44 f.*, 56
Perser 17
Philae 21
Pinudjem I. 17
Plinius 23
Plutarch 23, 58, 60, 63
Pompeius 20
Pompeji 105
Psammetich I. 17
Ptah *29,* 35, 55 f., *57,* 81, 90, 99, 101
Ptah-Sokar-Osiris 70, 99
Ptolemäer 13, 20, 34, 46, 78, 88, 102, 105
Ptolemaios I. Soter 20, 101 f.
Ptolemaios V. 26
Pyramiden
  Cheops-Pyramide 15, *18 f.*
  Chephren-Pyramide *18 f.*
  Knickpyramide von Daschur 15
  Mykerinos-Pyramide *18 f.*
  Stufenpyramide des Djoser in Saqqara 15, *16,* 70, 89 f., 99
Pyramidentexte 50, 53, 58, 70, 88, 97

R

Ramses I. 17
Ramses II. 17
Ramses III. 7, 34, 43, 81, *81*
Re (siehe auch Amun-Re) 7, 15, 22, 31, 35, 50, 52 f., 55, 64 ff., 67 f., 70, 73 f., 79 f., 83, 88, 91, 94, 97, 99 f., 101
Re-Harachte (siehe auch Horus) 53
Reschef 91, *92*
Römer 13, 46, 81, 88, 91, 101 f., 105
Rosetau 58
Rosette, Stein von 26, *26*

S

Sachmet *29,* 35, 85, 97, 100 f.
Sais 35, 97

Saqqara 13, *16*
Sargtexte 50, 70, 88
Satet 81
Satis 101
Schabako 17
Schabako, Stein des 55
Scheschonk I. 17
Schu 50 f., 52, 58, 66, 85, 87, 97, 100 f.
Selket (Selkis) 46, 99 f.
Semenchkare 83
Septimius Severus 25
Serapeum von Saqqara 81
Serapis 20, 81, 101 f.
Seth 35, 51, *60,* 60 f., 63 ff., 66 ff., 83, 85, 87 f., 90, 97, 100 f.
Sethos I. 17, *35,* 78
Sethos II. 17
Siwah 21
Skarabäus-Käfer (siehe Chepri)
Smendes 17
Snofru 15
Sobek (Suchos) 36, 97, *100,* 101
Sokar (siehe Ptah) 99, 101
Strabo 23, 25

T

Tal der Könige 25, 92
Tal der Königinnen 81
Tatenen 55
Tefnet 50 f., 85, 87, 100 f.
Tempel
des Amun, Karnak 33, 36, *38 f.,* 57, 80, 83
des Amun, der Mut und des Chons, Luxor 26, *32 f.,* 36
von Deir el-Bahri und Deir el-Medina 80
der Hathor, Dendera 22, 31, 36, 88
der Hatschepsut, Luxor *2*
des Horus, Edfu *14 f.,* 36, 63
der Isis, Philae 107
des Osiris, Abydos 36
des Per-Aton, Karnak 83
des Ramses, Luxor *7,* 34
Theben 15, 17, 23, 35, 41, 55, 80 f., 87, 92 ff., 101
Theodosius 21
Thot 35, 46, 53 f., *56,* 64 ff., 67 f., 73 f., *76, 79,* 101, *103*
Thutmosis I. 83
tit-Amulett 90
Toeris (Taweret) 86, 101
Totenbuch *3,* 70, 72, 78, 80 f.
Trajan 88, 102
Tutanchamun (Tutenchaton) 4, 17, *29,* 55, 81, 83, 91
Tutu *71,* 72, *75, 78*
Typhon 60

U

Udjat-Auge 51
Unas 70
Unterägypten 12 f., 14, 23, 29, 31, 37, 94 f., 97, 101
Unterwelt (siehe auch Binsengefilde) 31, 36, 46 f., 58, 60, 63 f., 70, 78
Uräusschlange 51, 99 ff.
Uschebti 70, 73

W

Wadjet 35, 95, 101
Was-Zcptcr *15, 59, 79,* 99
Weisheitsliteratur 29, 47, 49
Westliche (Libysche) Wüste 10, 81
Wiegevorgang des Herzens 47, 73 ff., *76,* 80 f., 91 f., 101

Y

Young, Thomas 27

Z

Zeus 81, 102
Zeus-Ammon 81